新旅游·新思想系列丛书

事件影响研究

王起静　著

南开大学出版社
天　津

图书在版编目(CIP)数据

事件影响研究 / 王起静著. 一天津:南开大学出版社,
2012.12

(新旅游·新思想系列丛书)

ISBN 978-7-310-04085-8

Ⅰ.①事… Ⅱ.①王… Ⅲ.①文娱活动一研究
Ⅳ.①G241.3

中国版本图书馆 CIP 数据核字(2012)第 285053 号

南开大学出版社出版发行

出版人:孙克强

地址:天津市南开区卫津路 94 号　　邮政编码:300071

营销部电话:(022)23508339　23500755

营销部传真:(022)23508542　　邮购部电话:(022)23502200

*

天津市蓟县宏图印务有限公司印刷

全国各地新华书店经销

*

2012 年 12 月第 1 版　　2012 年 12 月第 1 次印刷

230×170 毫米　16 开本　10.875 印张　203 千字

定价:25.00 元

如遇图书印装质量问题,请与本社营销部联系调换,电话:(022)23507125

前　言

事件（event）已成为旅游业中重要的激励因素，在城市乃至国家发展的过程中扮演着重要的角色，具有重要的经济、社会、文化、旅游、环境、政治影响。从历史学家 Boorstin 1961 年第一次关注为公众和政府举办的人为事件（pseudo events）这一现象开始，到目前为止已经有 40 年的时间。Getz（2008）在《旅游管理》（*Tourism Management*）期刊上发表了题为“事件旅游：概念、演变和研究”的重要论文，并对事件相关文献进行了全面系统的综述。研究指出二十世纪六七十年代，事件还不是休闲、旅游和娱乐研究领域中的独立部分，从八十年代开始，事件开始成为理论和实践普遍关心的话题。九十年代以后，一些著作和期刊相继出版和发行，以及为准备 2000 年澳大利亚悉尼奥运会开始的大量研究项目，极大地促进了事件研究的发展。世纪之交举办的很多庆祝活动也促进了事件的繁荣并提升了其旅游价值，在这期间，有很多有价值的论文出现。从研究内容来看，事件的主要研究内容包括五个方面：体验和意义、事前行为和决策、事件策划和管理、模式和过程、影响研究。本书则是关于“事件影响”的专题研究。从事件研究的历史来看，事件影响研究在事件研究中占有重要地位。而在事件影响研究中，经济影响一直是最被学者广泛关注的话题。虽然事件经济影响不是事件文献中最早被研究的问题，但却是第一个被完整研究的主题。随着研究的不断深入，事件影响研究也逐渐开始关注社会、旅游、环境等方面的影响。

从理论和实践来看，一直没有关于“事件”和众多事件形态普遍认可的概念。本书用“事件”统称会议、展览、节庆、体育赛事、娱乐活动等众多事件形态。事件是短时发生的、一系列活动项目的总和；同时事件也是其发生时间内环境、设施、管理和人员的独特组合。事件不仅包括会议和展览等商务事件，也包括文化庆祝、艺术娱乐、教育科技、体育竞技等事件，还包括政治和国家事件以及私人活动。本书以“事件影响”为研究对象，在对“事件和事件研究”做一般介绍的基础上，重点从经济影响、社会文化影响、目的地形象影响、环境影响四个方面全面系统的论述事件影响研究的主要内容、主要方法、主要结论和重要案例，最后研究了居民对事件感知和支持度问题。当然，除了以上影响之外，事件还有很多其他影响，如心理影响、政治影响等，但由于目前事件研究很少涉及其他方面的影响，所以本书以经济影响、社会文化影响、目的地形象影响、环境影响四方面的影响为主要内容。

本书的主要目的是为事件影响研究提供评估框架，内容主要以事件各种影响的概念、理论基础、研究内容、研究方法、影响评价刻度、研究结论比较等方面为主，而不是局限于某一个特定案例的研究结论。虽然研究人员就上面这些问题做了很多努力和探索，但至今也没有形成统一的普遍可接受的分析范式。目前几乎没有全面介绍事件影响研究的书籍，今后事件影响研究应该加强事件影响的理论基础研究，在继续关注以上这些问题的基础之上，从多方面、多角度探讨事件的影响。

本书受“北京市属高等学校人才强教计划资助项目”资助。本书在写作过程中得到北京第二外国语学院会展研究中心的大力支持，会展研究中心的很多研究人员都为本书的写作提出了很多宝贵的建议和意见。感谢南开大学出版社彭海英老师大力支持和帮助。

王起静

2012 年 8 月 20 日于玉渊潭公园

目　录

第一章　绪论

【内容摘要】

本书是关于"事件影响"的专题研究，研究对象包括会议、展览、节庆、体育赛事、娱乐活动等众多事件形态。从理论和实践来看，一直没有关于"事件"和众多事件形态普遍认可的概念。本书首先对会议、展览、节庆、事件的概念做界定，其次以盖茨（Getz）在2008年和2010年对"事件旅游"和"节庆"的文献综述为依据，从时间、事件类型和内容三个方面介绍事件研究的大概脉络，然后介绍了事件影响研究在事件研究中的地位，并介绍了事件影响研究的内容。本章最后简单介绍了本书的内容框架。

第一节　事件的概念界定

本书是关于"事件影响"的专题研究，研究对象包括会议、展览、节庆、体育赛事、娱乐活动等众多事件形态。从理论和实践来看，至今一直没有关于"事件"和众多事件形态普遍认可的概念。本书用"事件"统称会议、展览、节庆、体育赛事、娱乐活动等众多事件形态。在此，先对事件及各种事件形态做一简单概念界定。

一、会议

从表象来看，会议是人们怀着各自相同或不同的目的，围绕一个共同的主题，进行信息交流或聚会、商讨的活动。但至今理论上还没有关于"会议"的权威定义，不同的人从不同的角度对会议做了初步解释。孙中山（2011）在《民权初步》[①]中指出：凡研究事理而为之解决，一人谓之独思，二人谓之对话，三人以上而循有一定规则者，则谓之会议。沈燕云、吕秋霞（2001）认为，凡

---

①《民权初步》是孙中山《建国方略》三书之一。孙中山为了要实现民权主义，特别重视议事法则，1917年《民权初步》成书，原名《会议通则》。1953年5月，中华民国内政部以孙中山先生的《民权初步》为蓝本，颁布"试行会议规范"，1965年7月，正式颁布现行的《会议规范》。依据内政部的解释，会议规范既不是命令，也不是准则或规则，而仅是一种"规范"，因此会议规范并不当然是议事之准则。

一群人在特定的时间、地点聚集，来研商或进行某特定的活动均称之为会议。杨冠群（1998）指出，会议是一些人有组织、有领导地为了某种目的而进行讨论和商议的集会，它有别于三言两语的交换意见，有别于天南海北的漫谈，有别于街头巷尾的议论，更有别于消极的聚众闹事。申金玉（1999）指出，会议是人们通过不同方式聚集起来，讨论、协议、沟通和商定事情的一种社会活动形式。会议是人类社会生活的重要组成部分，对协调社会关系和促进人类发展有重大作用。肖庆国、武少源（2004）指出，会议是指三个以上的人们为了研究问题、交流信息、获取知识、统一思想等目的而在特定的时间聚集在特定的地点、按照一定的规则所进行的发言、讲解、讨论、商议等行为，从而集思广益、达成一定结论的活动。

国际会议是最重要、最有影响的会议，目前国际上对国际会议认定的权威组织有：国际会议和大会协会（International Congress and Convention Association，ICCA）、国际协会联盟（Union of International Association，UIA）和国际会议中心协会（The International Association of Congress Centres，AIPC），这三个组织对国际会议的界定有所不同。ICCA 对国际会议界定的标准有三个：第一，至少有 50 个参加者；第二，定期组织举行的会议（不包括一次性会议）；第三，必须在至少 3 个国家举行。UIA 对国际会议界定的标准有四个：第一，至少有 300 个参加者；第二，国外参加者至少占总量的 40%；第三，参加会议的国家至少有 5 个；第四，最短会期为 3 天。AIPC 对国际会议界定的标准有五个：第一，固定性会议；第二，至少 5 个国家参加且在各国轮流举行；第三，会期 1 天以上；第四，与会人数至少在 50 人以上；第五，外国与会人数占 25%以上。

二、展览

在实际应用中，展览名称相当繁杂。英语国家中，有 exhibition，exposition，show，fair 等等。在英文中 fair 是传统形式的展览会，也就是集市与庙会。Fair 的特点是“泛”，有商人也有消费者，有农产品也有工业品。集市和庙会发展到近代，分支出了贸易性质的、专业的展览，被称作 exhibition（展览会）。Exhibition 是被最广泛使用的展览名称，通常作为各种形式的展览会的总称。Exposition 起源于法国，是法文的展览会。在近代史上，法国政府第一个举办了以展示、宣传国家工业实力的展览会。由于这种展览会不做贸易，主要是为了宣传，“exposition”便有了“宣传性质的展览会”的含义。由于其他国家也纷纷举办宣传性质的展览会，并由于法语对世界一些地区的影响，以及国际博览会联盟（Union des Foives Internationales，UFI）和国际展览局（Bureau International des Expositions，BIE）这两大世界展览会组织的总部均在法国，因此，除了在法语国家，在北美等英语地区“exposition”也被广泛地使用。“Show”在英文中的原意是展示，但在美国、加拿大等国家，“show”已替代“exhibition”。在这些国家中，贸易展览会大多称作“show”，而宣传展览会被称作“exhibition”。在中文里，展览的名称有博览会、展览会、展览、展销会、博览展销会、看样定货会、展览交流会、交易会、贸易洽谈会、展示会、展评会、样品陈列、庙会、集市、墟、场等等。目前，关于“展览”并没有被广泛认可的定义。

《简明不列颠百科全书》对展览（会）的定义是：为鼓舞公众兴趣、促进生产、发展贸易，或者为了说明一种或多种生产活动的进展和成就，将艺术品、科学成果或工业制品进行有组织的展览。《美国大百科全书》则把展览（会）定义为：一种具有一定规模，定期在固定场所里举办的，来自不同地区有组织的商人聚会。从系统的角度看，现代展览是由若干相互联系的要素有机构成的一个系统，在这个展览系统中存在着五大基本要素：一是展览会的主体，即展览会的服务对象——参展厂商；二是展览会的经营部门或机构，即专业行业协会和展览公司；三是展览会的客体，即展览会的展示场所——展览馆或展览中心；四是展览市场，即参展厂商获取信息和宣传企业形象的渠道；五是参观展览的观众，即最终的用户和消费者。不同主体对展览理解的重点是各不相同的。对展览主办者来说，展览就是按照社会需求，通过物品（展品）在一定时间、空间条件下的直观展示来传递和交流信息，使观者做出购销决定、进行投资决策，或者从中学习、受到教育的社会服务活动；对参展商而言，他们主要是通过物品的展示，吸引观众，与观众进行交流，以实现交易或教育的目的；对观众来讲，他们主要是通过展览所透过的各种信息，实现购买或接受教育的目的。

王起静（2007）指出，展览的本质是一种具有“平台”性质的产品，是一种典型的双边市场，具备双边市场的一般性质和运作规律。展览会的消费主体有两类：一类是参展商；一类是观众。双边市场是具有某种网络外部性的市场，展览平台与一般的双边市场所不同的是，其网络外部性表现为：展览平台上的一方的效用不仅取决于相同客户群体的消费状况，而且取决于相异但又相容、处于市场另一方客户群体的消费状况；同时展览平台上的一方的效用不仅取决于双边消费者的数量，还取决于双边消费者的质量。也就是说，在展览这个特殊的双边市场中，消费者在做是否参加展览的决策时，同边消费者和另一边消费者的数量和质量都将成为参展决策的影响参数。

三、节庆

Pieper（1965）认为只有宗教仪式和庆典可以被称作“节庆”，而“节庆”这个词经常被误用和商业化。Falassi（1987）从文化人类学角度对节庆的定义是"以特殊庆祝形式为标志的宗教的或非宗教的庆祝时间"，节庆可以庆祝社区价值、思想、特性和连续性。Falassi（1987）坚持认为节庆的社会功能与社区对其意识形态（如社会一致性、历史连续性、自然遗风）重要价值的认识有关。本质上，节庆可被视为某地区成功吸引游客的文化资源。南澳大利亚旅游局（1997）提供了一个比较全面的节庆概念：节庆就是当地社区希望与众人分享，并且由公众参与的某种庆祝活动。节庆活动应该尽可能使参与人数最大化，节庆体验应与日常生活体验有所不同或比日常生活体验范围更广，尽管节庆的举办通常希望获得经济收益。Goldblatt（1997）认为节庆的关键特征在于其是由公众免费参与的社会性集会，节庆是有很多媒体参与的社区集会活动。Jago & Shaw（1998）认为节庆可以是为消费者提供日常生活之外的休闲和社交机会的一次性或非经常发生的事件。Arcodia & Robb（2000）认为节庆带有举办地社区宗教或历史庆典的印记，并与文化传统相竞争的活动。Getz（1991）解释节庆可被视为服务和产品的复杂组合。Wicks & Fesenmaier（1993）把节庆视为一种服务产品，并通过衡量期望服务水平和实际服务水平之间的差异来检测服务质量。Getz（2005）把节庆定义为"主题性的公共庆典"。但关于"节庆"并没有普遍可接受的定义。

四、事件（活动）

Getz（1997）认为，事件（event）是短时发生的（transient）、一系列活动项目（activity program）的总和；同时事件也是其发生时间内环境/设施（setting）、管理（management）和人员（people）的独特组合。Getz（2005）对事件做了详细的分类，见图 1-1。

文化庆祝
- 节庆
- 嘉年华
- 纪念
- 宗教活动

政治和国家
- 高层会议
- 皇室活动
- 政治活动
- 贵宾访问

艺术和娱乐
- 音乐会
- 颁奖典礼

商务贸易
- 会议、大会
- 消费展和贸易展
- 交易会、市场

教育和科技
- 会议
- 研讨会
- 会诊

体育和竞技
- 业余/专业的
- 旁观者/参与者

娱乐
- 体育或游戏

私人活动
- 婚礼
- 聚会
- 社交

图 1-1 计划事件的分类（Getz，2005）

事件按规模、影响程度、媒体关注度等可以分为小型事件、中型事件、大型事件、巨型事件。Ritchie（1984）提出了大型事件的定义（mega-event）：从长远或短期目的出发，一次性或重复举办的、延续时间较短，主要目的在于加强外界对于旅游目的地的认同，增加其吸引力，提高其经济收入的事件活动。要使大型事件获得成功，主要依赖其独特性、地位、具有创造公共兴趣并吸引人们注意的时代意义。Vanhove & Witt（1987）强调大型事件必须能够吸引世界范围的游客。Hall（1992）的定义是：大型事件（如世博会、世界杯或奥运会）以国际旅游市场为目标市场，而从观众人数、目标市场、公共财政数额、政治影响、电视覆盖率、设施建造、经济影响和举办地社会影响等方面来衡量规模巨大的事件。Hall（1997）对这一定义作了进一步的补充，他提出，这些大型事件的举办需要公共资金投入和（或者）公共支持，以建立硬件设施建设和（或者）目的地形象再塑的机制。Getz（1997）提出大型事件的定义是：事件的容量应超过 100 万观众，资本成本至少为 5 亿美元，并且其声誉应是一个“必看的”事件，从规模和重要性来看，大型事件是指能为东道主创造极高水平的旅游、媒体报道、声望或经济影响的事件。Getz（2005）把事件分为本地区事件（周期性和一次性）、地区性事件（周期性和一次性）、周期性巨型活动、偶尔巨型事件（见图 1-2）。

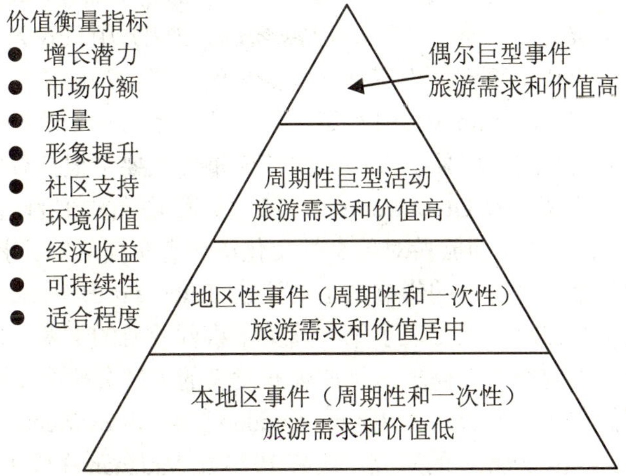

图 1-2 事件的分类和影响（Getz，2005）

在我国理论和实践中，很多时候也把 event 翻译成活动，把 mega-event 称为大型活动。

第二节 事件研究脉络和范围

Getz（2008）在《旅游管理》（*Tourism Management*）杂志上发表了题为“事件旅游：概念、演变和研究”的重要论文，对事件旅游（event tourism）文献进行了全面的回顾。从时间、事件类型和内容等方面清晰梳理了事件研究的脉络和研究范围。研究指出，二十世纪六七十年代，事件还不是休闲、旅游和娱乐研究领域中的独立部分，从八十年代开始，事件旅游开始成为理论和实践普遍关心的话题。另外，Getz（2010）对节事（festival）也做了全面的回顾。本节结合两篇文章对事件和节庆的研究综述，对事件研究做一简单介绍，使读者能对事件研究脉络和研究范围以及“事件影响研究”在整个事件研究中的地位有基本了解。

一、事件研究脉络

1. 20 世纪 70 年代及以前

Formica（1998）研究表明，在 20 世纪 70 年代公开发表的事件管理或事件旅游的文章非常少，他在《旅游研究纪事》（*Annals of Tourism Research*，*ATR*）和《旅游研究杂志》（*Journal of Travel Research*，*JTR*）中只找到 4 篇文章。在二十世纪六七十年代，事件并没有被认为是休闲、旅游和娱乐领域中一个独立的分支。历史学家 Boorstin（1961）第一次关注了为公众和政府举办的人为事件（pseudo events）这一现象。人们关注节庆事件主要是把其看做是人文的、社会的和艺术的活动，如 Greenwood（1972）从人类学的角度研究了巴斯克人（Basque）的节日，并认为旅游对原真性文化庆典有负面影响。事件的原真性、社会文化影响和旅游对事件的影响是主要话题。Ritchie & Beliveau 于 1974 年在《旅游研究杂志》（*JTR*）上发表了第一篇关于事件旅游的文章，研究了大型事件如何反向影响旅游季节性需求。早期公开发表的大部分研究主要是集中于事件经济影响评估方面，如 Della，Bitta，Loudon，Booth & Weeks（1977）关于高帆船赛（Tall Ships event）的研究，还有 1979 年 Vaughan 在爱丁堡的研究。

2. 20 世纪 80 年代

事件在 80 年代成为一个重要的研究问题，其中有两篇文章非常重要：一是 Gartner & Holecek（1983）对于旅游产业博览会经济影响研究；二是 Ritchie（1984）研究了大型事件的影响，这篇文章是该领域中的经典文章，至今仍被广泛引用，具有重要影响。Burns，Hatch & Mules（1986）以及 Burns & Mules

（1989）对澳大利亚阿德莱德（Adelaide）一级方程式汽车赛（Grand Prix）的影响做了综合评价。Hall（1989）撰文研究大型旅游事件的定义，并提出应该对事件的社会和文化影响给予更多的关注。80年代后期还有一项关于加拿大首都地区节庆观众和经济影响的研究（Coopers & Lybrand Consulting Group，1989）。

3. 20世纪90年代

1990年，Goldblatt出版了著作《特殊事件：庆典的艺术和科学》（*Special Events: The Art and Science of Celebration*），随后Getz在1991年出版了著作《节庆、特殊事件和旅游》（*Festivals，Special Events and Tourism*），Hall在1992年出版了著作《大型旅游事件》（*Hallmark Tourist Events*）。

1993年，杂志《事件管理》（*Event Management*）创刊发行（最初名为《节庆管理和事件旅游》（*Festival Management and Event Tourism*）），其中的很多文章推动了事件研究和理论的发展。Uysal，Gahan & Martin（1993）在该杂志上有一篇经久不衰的论文，讲述人们为什么参加节庆和活动。这个杂志上早期还有两篇很重要的文章：一篇是Bos（1994）研究了大型事件对旅游需求所产生的重要影响；另一篇是Crompton and McKay（1994）关于事件经济影响的研究。1999年，《会议和事件旅游杂志》（*The Journal of Convention and Event Tourism*）创刊（最初名为《会议和展览管理杂志》（*The Journal of Convention and Exhibition Management*）），该杂志最开始主要包括事件管理方面的研究，后来调整为包括旅游题目。另外，《体育和旅游杂志》（*The Journal of Sport and Tourism*）也在1993年创刊。

另外，澳大利亚为准备2000年悉尼奥运会开始了大量的研究项目，促进了事件研究的发展。

4. 2000年以来

世纪之交举办的很多庆祝活动促进了事件的繁荣，并提升了其旅游价值。在这期间，有很多有价值的论文出现，如Dwyer，Mellor，Mistillis & Mules（2000a，2000b）对“事件影响评估”技术方法的研究和发展水平的评论，澳大利亚“可持续旅游研究中心”不断发布影响研究模型（Jago & Dwyer，2006）。在此之前，大部分的影响研究都关注经济层面，虽然社会和文化影响研究最早可以追溯到1972年Greenwood关于事件的人类学研究，还有Ritchie（1984）提供的概念概述，以及Cunneen & Lynch（1988）对社会学的研究等等，但总体来说2000年以前对事件影响研究并不系统。应该说最近这十多年对事件影响的研究更加系统和全面了，这些研究后来在更理论化的背景下做了检验，包括：Delamere（2001）以及Delamere，Wankel & Hinch（2001）关于“居民对事件社会影响感知衡量刻度”研究；Fredline & Faulkner（1998，2002a，2002b）以及 Xiao & Smith（2004）的居民对事件影响感知的研究；Fredline，Jago & Deery（2003）和 Fredline（2006）对事件社会影响刻度的发展。

二、不同类型事件研究

1. 商务事件

商务事件主要包括会议、大会、展览（包括贸易展和消费展），在很长一段时间商务事件已经成为受关注的对象，很多城市都拥有重要的会议和展览设施及一些争取活动举办的组织。Weber & Chon（2002）在其著作《会议旅游：国际研究和产业视野》一书中研究了会议观光局。Weber & Ladkin（2004）探讨了会议趋势，包括政府部门对奖励旅游（MICE）经济影响的重视。最近关于商务事件的两篇研究包括 Yoo & Weber（2005）对会议旅游的研究和 Lee & Back（2005）对会议管理的研究。外部动机研究在该领域研究中占有很大比重，而且商务旅游和休闲旅游动机通常混合在一起，Davidson（2003）研究了二者的关系，这种混合动机现象需要更一般的事件旅游理论。

2. 体育事件

Rooney（1988）从地理学角度把大型体育事件作为旅游吸引物来研究，是对体育事件较早的研究。20 世纪 90 年代开始，体育事件成为一个重要的研究课题，并从 2000 年开始快速发展。Gratton and Kokolakakis（1997）认为在英国体育活动已经成为许多城市创造收入的主要来源。八九十年代，美国城市重视体育、娱乐活动和旅游，并将其作为城市收入的来源（Sports Business Market Research Inc.，2000）。Rozin（2000）以印第安纳波利斯（美国印第安纳州首府）为经典案例描述了体育事件如何影响城市。Carlsen and Taylor（2003）评论了曼彻斯特联邦比赛在提高城市形象、通过体育和商业发展促进城市重建、通过文化和教育项目创造社会遗产方面起到的作用。Gibson（1998）做了第一个体育旅游研究文献的评估。Weed（2006）回顾了从 2000～2004 年的文献。

3. 节庆和其他文化庆典

文化庆典，包括节庆、嘉年华、宗教活动、文化娱乐（主要是音乐会和戏剧），通常被归纳为文化旅游（Richards，1996，2007；McKercher & du Cros，2002）。节庆通常在地区营销、城市发展、旅游和社会交换等背景下研究（Picard & Robinson，2006）。美国旅游行业协会（Travel Industry Association of America）和史密斯尼尔杂志（*Smithsonian Magazine*）（2003）做的一个重要研究涉及了文化历史旅游，把文化事件作为吸引物和活动来研究。一些学者把节庆作为市场营销工具研究（Mayfield & Crompton，1995；Tomljenovic & Weber，2004；

Mehmetoglu & Ellingsen，2005）。艺术节往往忽略旅游需求和消费者需求以及商业性，但也有相关方面的研究，如 Prentice and Andersen（2003）评估了爱丁堡的节庆，并研究了其在形象创造和旅游需求创造方面所起的作用，再如 Carlsen & Getz（2006）提供了战略性策划方法以提高某一地区性节庆的旅游需求。

4. 奥运会、世博会和其他大型活动

研究者对奥运会给予了极大的关注。奥运会的巨大规模、历史和经济的重要性、媒体对奥运会的关注都使奥运会成为热点话题。奥运会相关文献众多，包括经济成本和影响（Cicarelli & Kowarsky，1973；Glos，2005；Kasimati，2003；Taylor & Gratton，1988）、奥运会旅游市场（Pyo，Cook & Howell，1988）、旅游和城市重建（Hughes，1993）、奥运会旅游影响（Kang & Perdue，1994；Teigland，1996；Faulkner et al.，2000）、旅游市场和奥运会（Leibold & van Zyl，1994）。其他题目包括奥运会申办、政治和城市提升（Hiller，2000a）、奥运会遗产（Ritchie，2000）、居民感知（Ritchie & Smith，1991；Mihalik，2001）、赞助和奥运会遗产（Brown，2002）及奥运会商业力量（O'Brien，2006）。Waitt（2004）对奥运会做了批判性的评价，Toohey and Veal（2007）从社会科学的视角研究了奥运会。奥运会无疑是研究的热点问题，远远多于对世博会和国际体育锦标赛的研究。

Roche（2000，2006）在全球化背景下研究了奥运会和大型事件，Hiller（2000b）从城市社会学的角度研究大型事件，Carlsen & Taylor（2003）研究了大型事件和城市重建。还有些学者研究了世界博览会和旅游关系，如 Mendell，MacBeth & Solomon（1983），Dungan（1984），Lee（1987），Hatten（1987），Dimanche（1996），de Groote（2005）。

三、事件研究的知识框架

事件的主要研究内容包括五个方面：体验和意义、事前行为和决策、事件策划和管理、模式和过程、影响研究（见图 1-3）。

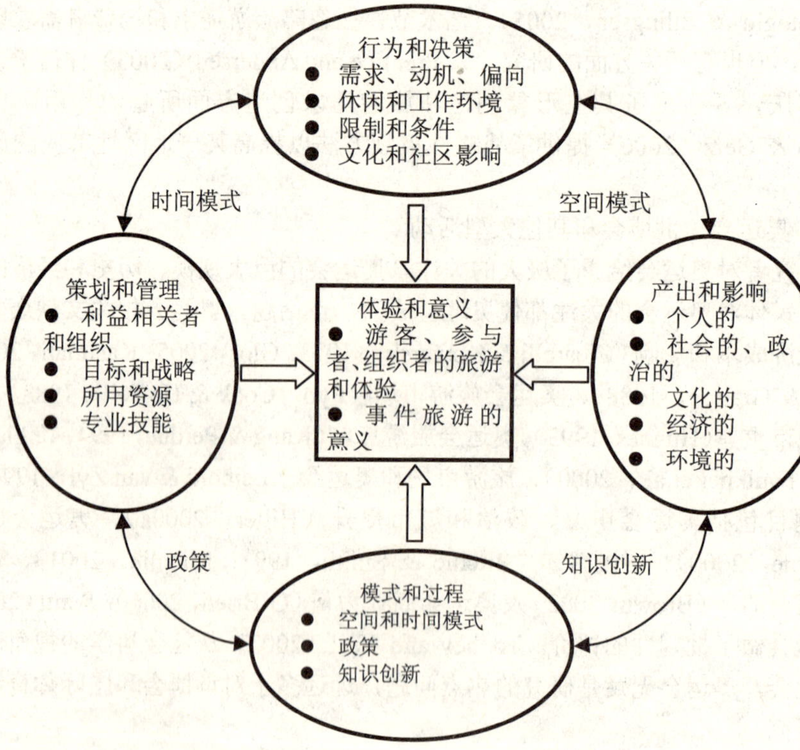

图 1-3 事件旅游的知识体系和框架（Getz，2008）

1. 体验和意义

事件体验和事件旅游体验总体来说没有引起足够关注，同时，对事件意义的研究也较少。对这些问题的研究需要借用心理学和人类学的理论和方法。体验应该从三个相连的维度来定义和研究：人们做什么或者说人们的行为（意动维度）、人们的情感、心情或态度（情感维度）和认知（意识、感知、理解）。需要通过真实的生活体验从需求、动机、态度、期望角度全面地理解事件旅游体验。

关于事件艺术“原真性”的讨论，尤其是旅游使事件商业化并破坏艺术原真性的问题，很多研究认为很多事件是出于商业和开发原因而举办的（Picard & Robinson，2006a；Ray，McCain，Davis & Melin，2006；Xie，2003，2004）。然而，也有相反的观点认为旅游帮助保存传统。虽然传统的消费者研究与该问题相关，但还需要通过人类学方法对体验领域做更深入的研究，如通过参与者观察（Getz，O'Neill & Carlsen，2001）、现象学（Chen，2006）、使用在休闲研究中用的经验样本（Hektner & Csikszentmihalyi，2002；Larson & Csikszentmihalyi，

1983)。

2. 事前行为和决策

很多个人的、社会的和文化的因素都会影响事件旅游行为，虽然有很多文献研究了休闲和一般旅游行为，但对于影响事件旅游的各种因素的研究却不多。研究事件旅游行为时休闲及与工作有关的因素都要考虑到。休闲限制理论检验一般的限制因素，包括：内心的（个人感知和态度）、人际间的（如缺少休闲伙伴）和结构性的（时间、金钱、供应和可达性）。

事件需求很难被预测（Pyo，Cook & Howell，1988；Mules & McDonald，1994；Spilling，1998；Teigland，1996）。主要事件使用长期跟踪研究和市场渗透调查来估计观众数量，但出现了显著的错误，如新奥尔良世博会（Dimanche，1996）。Lee & Kim（1998）检验了事件预测，Xiao & Smith（2004）改进了世博会观众数量预测的方法。

在参加事件前的选择和决策领域中，动机研究文献非常多。Li & Petrick（2006）回顾了与节庆和事件动机相关的文献，并认为大量文献证明了“搜寻和逃避理论”。“搜寻和逃避理论”可以用来分析那些希望通过事件获得一些特殊收益的游客，如运动员需要参加比赛（McGehee，Yoon & Cardenas，2003）、专家参加特定的会议（Severt，Wang，Chen & Breiter，2007）。对于任意给定的事件来说，一般的（逃避主义）和特殊的（搜寻）收益之间的区别将取决于许多个人因素，如动机、期望、心情和所获得的体验。Nicholson & Pearce（2001）研究参加新西兰不同事件（航空展、颁奖庆典、野生食物节以及酒、食物和音乐节）的动机，并得出结论：多重动机是正常的，虽然社交动机对所有事件来说都存在，但社交动机还是在本质上有所不同，事件特殊性与每个事件的新奇性和独特性有关。Pearce（2005）提出了“旅游职业轨迹”概念，为研究人们参加特定事件提供了理论基础，比如，我们有理由相信参加商业和专业活动或者参加会议是职业发展所必须的。“严肃娱乐”、“娱乐专业化”、“自我投入”是参加事件的内部动机，如业余运动员参加竞技活动，艺术爱好者希望在音乐节中担当志愿者。体育旅游体验和动机的本质受到相当的关注，如Gibson（1998，2006）确定了主动的和被动的体育游客，Robinson & Gammon（2004）检验了和体育相关的旅游的主要和次要动机。与商业事件旅游者相关，Oppermann & Chon（1997）从协会和参会人角度研究了会议参会决策，包括地点因素、个人和商业因素、协会和会议因素、体验和评估。Ngamsom & Beck（2000）研究了影响协会会员参加事件决策的动机和抑制因素。Rittichainuwat，Beck & LaLopa（2001）研究了参加国际会议的动机、促进因素和抑制因素。

3. 事件策划和管理

事件策划和管理研究内容是与组织相关的问题，如利益相关者、政策制定、组织目标和战略、影响和评估等。虽然有些学者对事件策划、发展和市场做过研究（Bramwell，1977；Gnoth & Anwar，2000；Getz，2003；Higham，2005），但事件策划和管理相对来说还是研究得较少的领域。利益相关者管理、合作的研究有所增长（Long，2000；Larson & Wikstrom，2001；Larson，2002；Getz，Andersson & Larson，2007）。形象提升潜力和媒体报道受到研究关注，这可能会产生目的地引致需求（Hede，2005；Li & Vogelsong，2005；Smith，2005；Ritchie，Sanders & Mules，2006），联合品牌和目的地是相关话题（Chalip & Costa，2006；Jago，Chalip，Brown，Mules，& Shameem，2003）。事件额外收益的杠杆作用是近期研究增长的热点（Morse，2001；Chalip & Leyns，2002；Chalip & McGuirty，2004）。Robson（2008）研究了事件管理知识体系（EMBOK）对未来会展产业研究的启示，详细论述了事件策划和管理方面应该做的研究内容和方向，事件知识体系框架见图 1-4。EMBOK 模型的目的是“创造一个在会展管理中所使用的知识和过程的框架以满足不同文化、政府、教育项目和组织的需要”。

4. 模式和过程

（1）空间

事件地理学没有得到很好发展，很少有学者研究过事件旅游模式。Getz（2004a）列举了事件地理学的意义和范围，包括和旅游相关的题目。Janiskee（1994，1996）检验了节庆的空间和时间分布，以及形成这些模式的原因，提到了某地区是否在事件数量方面达到了其能力的问题，其对于事件地理学的开创性贡献获得认可。Bohlin（2000）使用“距离衰退理论”确定在瑞士人们参加的各种节庆活动的距离，并确定导致最重要差别的因素。Wicks & Fesenmaier（1995）从地理学角度研究了事件的潜在市场。也有人研究事件的市场区域和旅游吸引力，如 Verhoven，Wall & Cottrell（1998）和 Lee & Crompton（2003）。Sherwood（2007）通过数据来绘制事件旅游地图以评估事件的“资源脚印”。

（2）时间

季节需求是事件时间分布研究中的主要题目，Ritchie & Beliveau（1974）对此进行了开创性的研究。目的地可以通过举办事件来平衡季节性旅游需求（Janiskee，1996；Ryan，Smee，Murphy & Getz，1998）。Yoon，Spencer，Holecek & Kim（2000）研究了墨西哥事件旅游市场季节性需求。当地居民和其他游客的替代也是时间/空间问题（Brannas & Nordstrom，2006；Hultkrantz，1998）。事件生命周期也是一个重要的时间问题，目前还没有得到研究者的重视（Beverland，

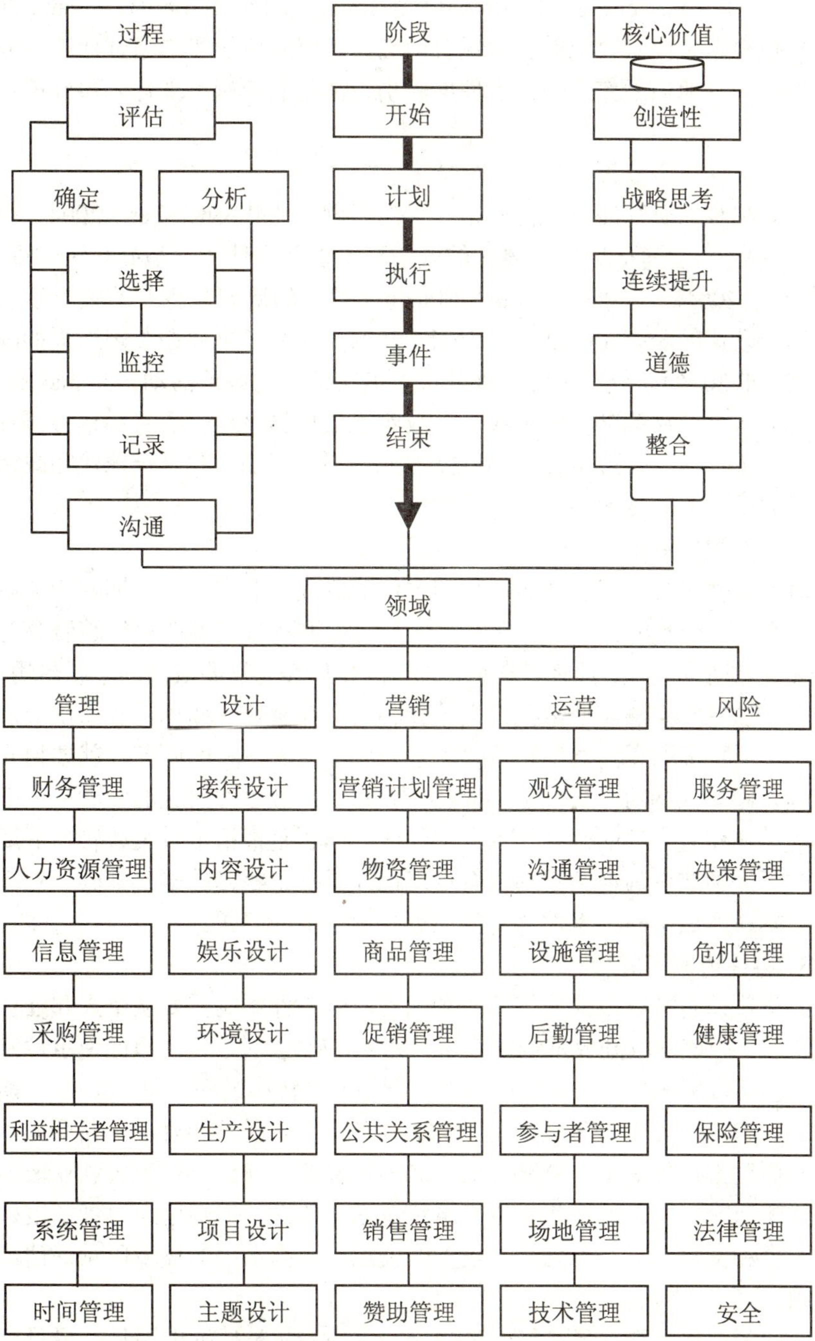

图 1-4 EMBOK 知识体系框架图（Robson，2008）

Hoffman & Rasmussen，2001；Richards & Ryan，2004；Sofield & Sivan，2003）。时间转换也是事件研究中的一个重要问题，也就是为了参加事件而改变其旅游计划的时间，他们不完全是被事件所吸引，因此其花费不能计入事件的经济收益中。

（3）事件旅游政策

只有很少的研究涉及事件旅游政策的问题。Hall & Rusher（2004）得出结论，"目前还很少有研究分析事件的政治环境以及事件对于举办社区的意义"。Whitford（2004a，2004b）在澳大利亚昆士兰州的研究是少有的关于政府针对事件制定政策的研究。Pugh & Wood（2004）研究了事件在英国当局的战略性运用。Reid（2006）研究了围绕事件的关于城市形象的政治活动。Thomas & Wood（2004）研究了在英国以旅游和当地政府为依托的事件。还有些事件研究是关于城市和政策的，如 Gotham（2002）从市场营销、商品化、全球化和政治经济角度研究了新奥尔良的某事件。

（4）知识创新

对于事件旅游知识创新的过程和主体的研究也非常少。近期的相关研究是 Stokes（2004）研究了澳大利亚事件行业的知识网络。事件和旅游研究与其他不成熟领域研究一样，具有多学科性质，需要从其他发展成熟的学科借用理论、知识、方法论和方法。通常我们是选择相关专业领域，如休闲领域研究。如果涉及两个或更多的学科基础理论，就进入到了交叉学科的研究，就要树立长远的目标以确立独特的、交叉学科的理论和知识。做事件研究的学者应该把已经建立的学科作为合理的研究起点。即使研究问题是根植于政策或管理需要，地理学、经济学或者其他学科都很有可能已经提供了解释的研究基础。然而，在这么多学科领域中研究事件容易产生更多理论上的问题。

5. 事件影响研究

经济收益是举办事件的主要驱动因素，但事件影响需要从个人和社会层面全面检验。应该采取开放系统研究事件影响，确定"投入"（即促使事件发生的因素，包括投标成本、设施建造和市场营销）、"转换过程"和"成果"（期望和非期望影响，包括外部性）。一直以来，研究者更多关注事件的经济影响、而其他影响研究都被忽略了。Sherwood（2007）检验了 85 个在澳大利亚做的事件经济影响研究，发现经济影响研究虽然缺乏一致性，但却已经得到了很好的发展，社会和文化影响正得到越来越多的关注，而高水平的环境影响评估却还非常欠缺。

从研究年代来看，经济影响是影响研究中最早被研究的题目，最早可追溯到 Della Bitta et al.（1977）以及 Davidson & Schaffer（1980）的研究。很多学者认为经济研究缺乏一致性（Uysal & Gitelson，1994；Dwyer，Forsyth & Spurr，2005；Sherwood，2007）。在研究内容方面，有很多针对不同类型事件的经济影响研究，如 Grado，Strauss & Lord（1998）研究了会议和大会的经济影响，Dwyer（2002）全面概述了会议旅游影响。在经济影响研究方法方面，Burns，Hatch & Mules（1986）研究了事件经济影响，运用了收入乘数和成本收益评估法，对日后研究产生了很大影响。Burgan & Mules（2001）寻求经济影响和成本收益方法之间的折中。Dwyer，Forsyth & Spurr（2006）探索了可计算一般均衡模型，并认为此方法在特殊事件领域研究中优于投入产出法。Brannas & Nordstrom（2006）用计量经济学模型确定由于事件而新增饭店住宿和替代效应。事件快速发展使其负面影响也逐渐显现出来，并引发了更多的修正性检验和批评。

根据 Sherwood（2007）的研究，只有 May（1995）和 Harris & Huyskens（2002）两篇文章明确研究了事件环境影响。Fredline，Raybould，Jago & Deery（2005）建议使用“生态足迹”概念研究事件环境影响。

第三节 事件影响研究内容

事件影响研究内容有不同的划分。Getz（2008）把事件影响划分为：经济影响、社会文化影响和环境影响。Ritchie（1984）将事件影响划分为 6 种类型：经济影响、旅游和商业影响、物质影响、社会文化影响、心理影响和政治影响。Matos（2006）对重大体育赛事的多维影响进行了研究，他列出了所有可能发生的潜在影响，包括财政收入、经济影响、旅游和国际市场营销、基础设施、城市土地利用结构、环境影响、科技发展、人力资本、制度创新、政治资本、社会结构、文化与心理变化以及无形影响等。奥运会影响社区联盟（The Impact of the Olympics on Community Coalition，IOCC）提交的温哥华 2010 年冬奥会申办计划从 7 个方面讨论了重大体育赛事对举办地的影响，即社会责任和透明度、安全、交通、社区经济发展、环境、民主进步以及住房（IOCC，2002）。可见，事件影响研究可以从很多角度进行，下面综合目前已有事件影响研究所涉及的领域，着重从以下几个方面做简单介绍。

一、经济影响

Getz（2008）指出虽然事件经济影响不是事件旅游文献中最早被研究的问题，但却是第一个被完整研究的主题。Getz（2008）文章指出其在 2000 年通过对《事件管理》（*Event Management*）杂志的详细分析，发现经济发展和影响是被研究最多的题目，然后是赞助、公司角度的事件营销、其他管理题目、一般性的市场问题（包括动机和细分市场等）。Formica（1998）研究表明在《节庆管理和事件旅游》（*Festival management and event tourism*）和三大国际旅游期刊[①]中，经济或财务影响是事件文献中被研究最多的题目，然后是市场、事件概况、赞助、管理和趋势预测。通过文献检索发现，Bitta，Loudon，Booth & Weeks（1977）对 1976 年美国罗德岛（Rhode Island）高桅横帆船典礼（tall ships celebration）经济影响的研究是第一篇公开发表的关于事件经济影响研究的文章，到现在已经有三十多年的历史。在此期间，相对于事件研究的其他领域，很多学者对事件经济影响做了广泛而深入的研究。

事件经济影响非常重要，如 Faulknere & Raybould（1995）认为如果事件能产生重要的经济影响，那么事件预算在财务上来说就是正当的；Irwin，Wang & Sutton（1996）认为赞助商可根据经济影响研究决定是否赞助，经济研究中获得的观众数据资料对于未来其他管理工作来说具有重要价值，观众数量、统计特征和消费行为可以作为未来事件计划、细分市场和寻求赞助的分析基础。

虽然事件经济影响评估一直是事件影响研究的核心和重点，是近二十年来的研究主流，且研究方法、抽样技术、模型和评估过程都在不断改进，结论也在不断深化。但是，事件经济影响分析在近年来却遭遇了严厉的批评，一些学者认为经济影响研究严重地高估了事件给举办地带来的经济收益（Crompton，2004；Matheson，2002），很多研究认为在经济影响评价中存在很多错误（Crompton，1995；Davidson & Schaffer，1980）。罗秋菊等（2011）认为关于事件经济影响研究的争议焦点主要有 5 个：第一，由于抽样技术和模型选择问题导致结论的不确定性，难以形成共识；第二，现有研究从比较大的地域范围来评价事件活动的经济影响，高估了经济效益，低估了机会成本以及漏损；第三，现有研究为了迎合政治的需要有高估的倾向；第四，有学者争论大型活动商业化倾向愈来愈严重，致使经济效益从举办地和主办方逐渐转移到商业赞助商和某些个人手中；第五，有研究明确指出举办国这种耗资巨大、带有政治色彩的事件给当地经济、文化与环境带来一些负面效应，短期的经济效益不足以说明问题。

经济影响研究最重要的目的就是衡量某一区域因为举办事件而增加的经济收益。事件经济影响主要来源于三个不同方面：设施建设的经济影响、设施运营的经济影响、事件参与者的消费影响。事件经济影响研究有一套统一适用的评估框架：确定研究区域、确定直接经济影响、确定事件第二轮影响。直接经

① 三大国际旅游期刊是《旅游研究纪事》（*Annals of Tourism Research*）、《旅游研究杂志》（*Journal of Travel Research*）、《旅游管理》（*Tourism Management*）。

济影响的测算需要知道两个关键数据：一是游客数量；二是游客平均消费。周期性（如每年）举办的事件为全面可靠的评估事件经济影响提供了最好的机会，因为周期性举办的事件可以验证所收集信息是否有用，并可以提升对事件总体价值的理解。

二、社会文化影响

虽然事件社会影响研究远远落后于经济影响研究，但社会影响研究得到越来越多的关注。很明显，大型事件能从正面和负面两个方向显著地影响社区（或地区）的社会文化。

首先看正面影响。从社会维度来看，大型事件为社区发展提供至少两个重要机会：第一，通过大量的志愿者参加大型事件，提升了人际关系质量，增强了社区社会关系网络；第二，大型事件会增加对形成良好社区有益的活动和行为，以促进社区社会发展。大型事件为文化发展提供了同等的机会。从教育的角度来看，经常吸引大型事件可以刺激当地社区居民的文化需求。举办大型事件通常伴随着大量的相关活动，吸引著名的文化团体和展览。从这个意义上说，大型事件可以刺激整个地区文化活动的重生。其次看负面影响，如果不能确保事件与社区居民价值相一致，大型事件可能会引起社区文化纷争。如果大型事件试图把不同的生活方式强加给当地居民的话，可能会留下不和谐的因素。另外，大型事件的组织者应该多利用社区现存的社会和文化结构，而不是开发新的、平行的结构。

从研究的角度看，大型事件社会文化影响的衡量有很多问题，有概念性问题，也有实践问题。这些困难主要在于社会文化意义上的成功主要取决于个人和社区价值体系。如果在社区成员之间对社会文化目标有合理的一致性时，则研究者可以评估事件的成功。相反，当社区对于社会和文化目标的观念差别很大时，就不容易确定“成功的标准”，研究者在描述大型事件影响时必须给予更多的重视。即使居民对事件所实现的社会文化目标有一致的意见，由于缺乏有效的衡量手段，社会文化影响研究也很困难。经济影响可以通过支出和就业数字来衡量，而社会文化影响衡量却很难量化，例如，社区精神、社会合作和文化丰富度等。但这并不意味着无法发展合理的代表指标，只是需要对社会文化影响衡量指标的设计给予相当多的思考。

三、旅游目的地形象影响

事件（尤其是大型事件）作为稳步增长的旅游组成部分，可以直接吸引大量游客并产生大量的旅游收益，也会提高举办国家市场地位，并改变旅游目的地形象。事件对旅游的影响是多方面的，比如对游客人数、游客消费水平、旅游目的地形象等等，但凡是与旅游经济相关的影响都会在前面“事件经济影响”中涉及，此处主要讲述事件对旅游目的地形象的影响。

大型事件是复杂项目，包括多种活动、资源和时间。大型事件能够提升目的地形象主要是因为大型事件能够吸引国际媒体关注，媒体可以影响目的地形象感知。在大型事件中，奥运会尤其能吸引到大量的国际关注，并同时成为举办地重要的旅游资产。

目的地形象对行为有两个方面的作用：一是目的地形象可以让个体事先体验目的地，影响其决策过程；二是调节决策后行为，包括参与（现场体验）、评估（满意度）和未来行为倾向（再游览意愿和推荐意愿）。研究大型事件对旅游目的地的形象影响对于目的地旅游业发展非常重要。但相比于经济影响研究来说，大型事件对目的地形象影响的研究却非常少，这主要是因为衡量形象变化存在困难。

四、环境影响

事件在给举办地带来经济影响、社会文化影响的同时，也会带来环境影响。关于事件的任何决策都必须综合考虑事件给举办地带来的多种影响。

事件环境影响主要来源于两个方面：一是事件举办需要建造一系列的基础设施和事件相关设施；二是游客参加事件的消费所产生的环境影响。研究者需要注意的是，在确定给定设备或设施在多大程度上是事件的直接结果时，需要谨慎判断。在很多案例中，并没有明显证据表明如果没有事件发生，就不会提供某设施，或者说基础设施发展并不仅仅因为事件举办而加速。另一方面，设施或设备给民众提供的收益价值也很难评估。一些专用性很强的设施与大多数民众并没有什么关系。在其他一些案例中，事件所要求的设施的规模和细节远远超过当地民众的需要。在大多数案例中，大型事件为当地居民提供多年的娱乐设施，创造了很高的价值。而对于游客消费所产生的环境影响则要剔除游客即使“呆在家中”也要产生的环境影响。

大型事件负面影响通常与环境衰退有关，尤其是在事件需要利用当地供应优先的自然或物质资源时表现更为明显。在这样的情况下，举办事件就会陷入“引起当地自然资源严重衰退、甚至不可逆转”的风险。虽然大型事件的环境影响通常被视为是负面的，但也有一些正面影响的例子，最典型的就是最近几次世博会所引致的举办地衰退城区的重建。

五、政治影响

Ritchie（1984）指出，迄今为止，虽然很少有政府或机构明确承认赞助或举办大型事件是追求政治目标，但是政治目标确实是吸引和举办大型事件的主要推动力量，如奥运会、世博会和世界杯。政治影响研究目前所受到的关注很少或者说根本没有，这主要是因为没有明确承认政治目标（宏观和微观）的愿望，这意味着没有委托做这样研究的激励，甚至还有相反方向的压力。政治影响研究很难获得短期、定量衡量数据，如地位提高、思想提升等。但这并不意味着此项工作不可能完成。

Ritchie（1984）指出，相比于微观层面，一般来说在宏观层面会有比较明显的政治目标，而微观政治因素作为举办大型事件的驱动力量不太明显，但更重要。这里微观政治因素指的是个人利用事件所提供的曝光度，从政治和非政治领域促进自己的职业发展。应该强调的是，微观政治动机不能被视为是自私主义。必须承认很多大型事件高度依赖个人的努力，这些人付出了很大的时间、精力和其他个人成本，但在财务上所获得的收益却很少。从这个角度来看，认可这些努力换取公平的回报是合法并合理的。

六、心理影响

心理影响与此前讨论的文化影响有一定关系，在社会文化影响研究中涉及到居民价值观，尤其是居民对游客的友好程度。这里单独讨论心理影响主要是因为这是一个截然不同的研究领域。大型事件的成功所带来的声望会提升当地居民自豪感和对社区的热情，这样的自豪和热情会增加自信并使劳动生产率得到真正提升。事件对心理影响也有负面风险。如果当地居民自信心不强，外界的评论和批评可能会导致防御和自我怀疑，而不是自豪和热情。在小社区，拥有不同价值观和行为的大量游客的到来可能会增加当地人对游客的敌意，而不是改善接待水平。事件组织者应该意识到正向影响的力量，以创造和加强正向信心，并抵消负面影响。

评估大型事件心理影响的研究主要集中于居民对大型事件及其游客的态度和意见。幸运的是，在态度刻度和衡量领域有丰富的知识，可用来从事这样的研究。需要做的是把这些知识发展成为能够专门衡量事件心理影响的指标。虽然衡量居民态度相当简单易懂，但对数据的解释则比较困难，不同的个体在接触游客时会有不同的满意度。

第四节 本书的内容框架

本书以“事件影响”为研究对象，在对“事件和事件研究”做一般介绍的基础上，重点从经济影响、社会文化影响、目的地形象影响、环境影响四个方面[①]全面系统的论述事件影响研究的主要内容、主要方法、主要结论和重要案例，最后研究了居民对事件感知和支持度问题（见图 1-5）。

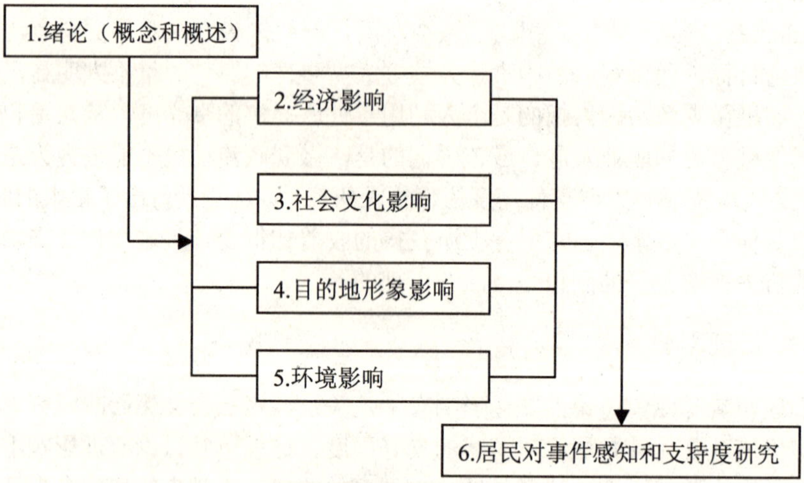

图 1-5 本书的内容框架

附件 1-1 会展行业惯例 APEX 术语

为了便于会展产业专业人士的交流和沟通，会议产业委员会（Convention Industry Council，CIC）作为会展行业中的重要协会组织，集中了大量的会展项目利益相关者，制定了会展行业惯例 APEX（The Accepted Practices Exchange）。APEX 可以节省时间和成本、便于沟通和数据共享、提高消费者服务水平、精简系统和程序以提高效率、减少重复性劳动和运营效率、便于培训和专业人才的培养。在 APEX 的行业术语中，主要术语的定义见表 1-1。

① 截至目前，事件政治影响研究几乎没有，因此本书不将其列为主要内容，而心理影响与社会文化影响和居民对事件影响感知有密切关系，本书把心理影响相关内容融入到第三章和第六章。

表 1-1 APEX 专业术语一览表

专业术语	英文解释	中文解释
展览会/博览会(Exhibition/Exposition)	1) An event at which products and services are displayed. The primary activity of attendees is visiting exhibits on the show floor. These events focus primarily on business-to-business (B2B) relationships. 2) Display of products or promotional material for the purposes of public relations, sales and/or marketing.	1）展出产品和服务的活动，观众的主要活动是在现场参观展台。这些活动主要着重于商业关系； 2）产品展示或以公共关系、销售和/或营销为目的的资料展示。
专业展(Trade Show)	An exhibition of products and/or services held for members of a common or related industry. Not open to the general public.	为一般或相关产业的成员举办的产品和/或服务的展览，不向公众开放。
消费展(Consumer Show/Public Show/Gate Show)	Exhibition open to the public usually requiring an entrance fee.	向公众开放的展览，通常需要入场费。
交易会(Fair)	1) Event principally devoted to the exhibition of agricultural products or industrial products. Fairs may also provide entertainment activities. 2) Exhibition of products or services in a specific area of activity held with the objective of promoting business.	1）交易会主要是工农业产品展览，也提供娱乐活动； 2）在一特定领域举办以促进贸易为目的的产品或服务展览。
会议(Meeting)	An event where the primary activity of the participants is to attend educational sessions, participate in discussions, social functions, or attend other organized events. There is no exhibit component.	会议参与者的主要活动是参加教育会议、参与讨论、社交或参加其他所组织的活动。没有展览。
奖励旅游(MICE)	Meeting, Incentive, Conference/Congress, & Exhibition. An internationally used term for the events industry.	会议、奖励、会议/大会、展览。事件产业国际通用术语。
代表大会(Convention)	Gathering of delegates, representatives, and members of a membership or industry organization convened for a common purpose. Common features include educational sessions, committee meetings, social functions, and meetings to conduct the governance business of the organization. Conventions are typically recurring events with specific, established timing.	为了一个共同的目的，由会员或产业组织代表的聚集。主要包括教育会议、委员会会议、社交会议、组织管理活动。会议通常是有具体时间表的重复性活动。

续表

专业术语	英文解释	中文解释
大会 (Conference)	1) Participatory meeting designed for discussion, fact-finding, problem solving and consultation. 2) An event used by any organization to meet and exchange views, convey a message, open a debate or give publicity to some area of opinion on a specific issue. No tradition, continuity or timing is required to convene a conference. Conferences are usually of short duration with specific objectives, and are generally on a smaller scale than congresses or conventions.	1）主要为讨论、发现问题、解决问题、咨询而设计的参与性会议； 2）任何组织用于交换观点、传递信息、开放讨论或让公众了解某一领域，针对某一特定问题的意见而举办的活动；大会无惯例、连续性和时间表。大会是通常具有特定目标的短期活动，通常比代表大会或年会的规模更小。
年会 (Congress)	1) The regular coming together of large groups of individuals, generally to discuss a particular subject. A congress will often last several days and have several simultaneous sessions. The length of time between congresses is usually annual, although some are on a less frequent basis. Most international or world congresses are latter type; national congresses are more frequently held annually. 2) European term for convention.	1）大规模个体的常规聚集，通常是为了讨论一个特定的主题。年会通常持续几天并同时举办几个讨论会。年会通常每年举办一次，但有些年会的频率更低，如大多数国际或世界年会。国内年会通常每年举行一次； 2）代表会议的欧洲国家术语。
研讨会 (Seminar)	1) Lecture and dialogue allowing participants to share experiences in a particular field under the guidance of an expert discussion leader. 2) A meeting or series of meetings of a small group of specialists who have different skills but have a specific common interest and come together for training or learning purposes.	1）在专家讨论引导者的指引下，允许参与者分享某一特定领域经验的讲座和对话；2）由一小组具有不同技能但有特殊相同兴趣的专家会议或系列会议，具有培训或学习目的。
讨论会 (Symposium)	A meeting of a number of experts in a particular field, at which papers are presented and discussed by specialists on particular subjects with a view to making recommendations concerning the problems under discussion.	研讨会是某一领域的专家聚会，专家要提交论文并针对某一个特定主题讨论，并提供建议。

续表

专业术语	英文解释	中文解释
论坛（Forum）	Open discussion with audience, panel, and moderator. A meeting or part of a meeting set aside for an open discussion by recognized participants on subjects of public interest.	与观众、专门小组、主持人的开放式讨论，会议或会议的一部分用于参会者对公众感兴趣的主题的公开讨论。
事件（Event）	An organized occasion such as a meeting, convention, exhibition, special event, gala dinner, etc. An event is often composed of several different yet related FUNCTIONS.	诸如会议、大会、展览、特殊活动、庆祝晚宴这样有组织的场合，事件通常由不同且相关的功能组成。

注：英文资料来源 www.conventionindustry.org

附件 1-2　事件影响类型、表现及数据和指标相关问题

Ritchie（1984）将事件影响划分为 6 种类型：经济影响、旅游和商业影响、物质影响、社会文化影响、心理影响和政治影响，Ritchie 1984 年发表的这篇文章是事件影响研究的经典，至今仍被广泛引用。文章对事件影响类型和表现以及事件影响的具体衡量指标和相关的数据收集和解释问题都做了详细的解释和说明，详见表 1-2 和表 1-3。

表 1-2　事件影响类型和表现

影响类型	表现	
	积极方面	消极方面
经济影响	● 增加支出，创造就业	● 活动期间价格上涨、房地产投机
旅游/商业影响	● 提高本地区旅游目的地的认知 ● 本地潜在投资和商业活动知识的增长	● 由于设施不足和行为不当所形成的负面形象 ● 由于对当地劳动力和政府支持的新的竞争而导致的现存企业的反对
物质影响	● 新设施建造、当地基础设施改进	● 环境破坏、拥挤
社会文化影响	● 提升当地居民对事件相关活动的兴趣和参与度水平 ● 当地传统和价值的增强	● 具有个人或私人性质的活动商业化 ● 为迎合旅游而对事件/活动性质的调整

续表

影响类型	表现	
	积极方面	消极方面
心理影响	● 提高当地居民的自豪感和社区精神 ● 提高非当地居民感知	● 举办地居民防御态度倾向 ● 导致举办地居民与游客之间不同程度的误解
政治影响	● 提升当地及其价值的国际认可度 ● 宣传政府和/或民众政治观点	● 为满足政治精英野心而对当地民众的经济利用 ● 为反映当今政治体系价值而扭曲了事件本质

表 1-3 事件影响的具体衡量指标和相关的数据收集和解释问题

影响类型	数据类型	衡量指标性质	数据收集和解释问题
经济影响	所有数据		直接衡量 ● 被调查者在休闲时间缺乏合作兴趣 ● 气候条件 ● 在参加事件过程中被调查者能力受损 ● 活动是短期 ● 在拥挤环境下记忆困难 ● 获得代表样本困难 ● 家庭调查困难 间接衡量 ● 受影响的组织数量众多 ● 相比于个体组织的经济和销售量，事件收入相对不重要 ● 数据保密性/惧怕政府 ● 准确界定与事件有关的消费支出存在困难
	参与者特征	参与者数量	直接衡量 ● 定义“观众”和“参与者” ● 重要事件里有多个活动时使用乘数的困难 ● 主要和次要参与者 间接衡量 ● 交通流量计算的一般和随机变量 ● 进入点缺乏控制 ● 增加的机动车辆的衡量 ● 由于天气条件导致的变动 ● 无法辨别所有交通工具 ● 所选择的对比时间段的合适性

续表

影响类型	数据类型	衡量指标性质	数据收集和解释问题
经济影响	参与者特征	参与者来源	直接衡量 ● 样本偏差（时间和频率） ● 所使用住宿接待类型的变化 ● 停留时间的变化 间接衡量 ● 不同旅游方式重要性的变化
		出游方式	直接衡量 ● 使用乘数 间接衡量 ● 确定交通增加的困难
		心理特征衡量（知晓程度、态度、意见、未来意图）	● 很难回忆起事件之前的真正知晓程度 ● 事件期间的光环效应
		个人特征（年龄、收入）	● 在特定条件下年轻人不愿说出真实年龄 ● 总收入和不同年龄段的人的收入对比 ● 生命周期不同阶段的人的消费支出倾向
	参与者支出	支出水平 支出类型	直接衡量 ● 消费类型范围 ● 使用日记法的困难 ● 相关支出和总支出的区别 ● 估计的可靠度 ● 个体支出和总体支出的区别 间接衡量 ● 销售税和非税收项目 ● 在家招待客人的支出 ● 划分与事件相关的支出
	赞助者花费	直接贡献 间接贡献	● 对其他活动支持的转移 ● 免费公共产品价值估计 ● 特殊的和常规的广告支出
	就业	提供的工作岗位	● 非全职就业和全职就业的换算 ● 从其他就业上转移 ● 非全职就业收入低报
旅游/商业影响	旅游	目的地认知	● 在很多分散的、多语言市场中收集数据的成本很高
		目的地知识	● 在不了解的人群中准确界定相关目标群体存在困难 ● 探索居民对大型事件态度转移变化存在困难
	商业的/产业的	地区认知	● 在事件营销中所获得的认知/知识和商业/产业活动中的利益之间缺乏明晰的关系
		地区知识和投资机会	● 在可获得的投资机会和目标地区的商业/产业利益之间缺乏一致性

续表

影响类型	数据类型	衡量指标性质	数据收集和解释问题
社会文化影响	社会的	社会相容性	● 事件可以反映当地生活方式和日常行为的程度 ● 事件利用已有社会组织的程度 ● 事件允许当地居民和组织积极参加和参与的程度
		社会发展	● 事件加强社区（地区）社会组织力量的程度 ● 事件为社区（地区）社会发展提供新机会的程度
	文化的	文化相容性	● 事件没有明显地与当地居民的文化和（或）宗教信仰相冲突的程度 ● 事件组织者在建筑方面适应当地建筑风格的程度 ● 当地居民在与外来游客接触的满意程度
		文化发展	● 事件加强文化发展的程度 ● 事件允许尝试新形式文化活动的程度，且当地居民认为这些文化活动具有积极效应
物质影响	设施发展	可归因于事件的新增娱乐企业/资源	● 缺乏明显证据表明如果没有事件发生就不会有某设施提供 ● 新增设施与当地民众利益的无关性
		基础设施发展	● 事件加速发展的程度 ● 加速发展所增加的发展成本的程度 ● 事件可被用于发展优先区域的程度
	环境影响	环境的物理衰退	● 所影响环境的相对稀缺性 ● 所影响环境的相对质量 ● 当地民众对于所影响环境特征关注的价值 ● 发展所保护而不是破坏的程度
		地区/设施用你	● 真实拥挤和感知拥挤对比的衡量 ● 短期拥挤和长期资源/设施的权衡
政治影响	宏观政治影响	形象提升	● 为商业和旅游目的，事件提升城市/地区认知和地位的程度
		思想意识提升	● 事件提升特定政治意识形态的认知和地位的程度
	微观政治影响	职业提升	● 事件为重要人物提供高曝光度和职业发展机会的程度
		体育提升	● 事件为当地运动员提供更多参与或学习机会的程度
心理影响	心理的	声望因素	● 对当地居民不同组成部分的国内和国际认可 ● 对当地居民不同组成部分的国内和国际的比较价值 ● 衡量和监控在很多不同外国居民的认知和认可的困难 ● 判断关于事件的认知和知识水平存在困难
		接待因素	● 当地不同民众在会见和接待游客时所获得的个人满意度的相对重要性 ● 游客与当地民众在语言、价值观、态度和行为方面的融合度 ● 当地民众与游客所建立起来的有意义并持久的个人联系

第二章　事件经济影响研究

【内容摘要】

经济影响一直是事件研究中最被学者广泛关注的话题。虽然事件经济影响不是事件文献中最早被研究的问题，但却是第一个被完整研究的主题。从1977年第一篇公开发表的关于事件经济影响研究的文章到现在，事件经济影响研究已有30多年历史。在此期间，很多学者对事件的经济影响做了广泛而深入的研究。但由于经济影响的复杂性，至今经济影响研究仍处于初级阶段，在概念界定、研究内容和方法方面还存在很多问题。本章通过对1977年至2011年30多年间发表的百余篇事件经济影响的主要文献进行梳理，对事件经济影响研究的主要内容、方法和结论做一详细的介绍，以期为事件经济影响提供一个统一的评估框架，为其他致力于事件经济影响研究的学者提供相对比较完整的文献资料。最后，本章以奥运会为例简要分析了大型事件经济影响的测算过程。

第一节　事件经济影响的概念和来源

一、事件经济影响的概念

目前国外学术界普遍认同的事件经济影响的界定是：由于事件活动引发新资金的注入，这些新资金参与到举办区域的经济循环，从而引起区域经济总量发生变化，其变化反应程度就可计量为事件的经济影响（Crompton & Mckay，1994）。Solberg，Andersson & Shibli（2002）认为经济影响是指由观众或企业注入目的地的新资金所产生的影响。Turco & Kelsey（1992）认为经济影响是指由体育赛事或设施所引发的支出给举办地的经济带来的变化，经济收益就是指由体育赛事直接引起的参观者在举办地的额外花费，这一定义受到了英国体育部等许多部门和机构的认可（UK Sport，2005）。

Davidson & Schaffer（1980）认为从理论上来讲，测算事件经济影响就是比较事件期间的实际销售（或收入）和假设没有事件发生时的销售（或收入）之间的差额。由于后者是不可观测的，因此经济分析的艺术性就非常重要。解决这个问题的直接方法就是假设在没有事件发生的条件下，利用模型预测销售收入，然后与事件期间实际销售收入比较，其差额就是事件的经济影响。但事实上该方法并未被广泛使用，主要问题就是数据难以获得，而且很难找到稳定的、可靠的预测模型，因此实际上可使用两种间接调查方法以获得相关数据：一是针对消费者或参与者的调查，以获得他们与事件有关的消费；二是针对企业做的调查，重点在于调查企业的销售增长有多少是来源于事件。例如，用节庆期间与节庆后期的销售额作比较，如果节庆期间的销售大于节庆后期的销售额，那么多出的销售额（或至少多出的部分销售额）就归功于节庆活动。大部分已有的研究都是以消费者或参与者为调查对象，不过有的研究也考虑了企业，如Kim et al.（1998）对鸟节的研究中包含了对企业的调查，并考虑了消费者购买非本地供应商产品的漏出效应。

事件经济影响研究涉及直接经济影响、间接经济影响、引致经济影响和总体经济影响等概念，Janeczko（2002）等用波纹图对其产生的原理进行了阐释。因事件的举办，"游客"到访事件举办地，所产生的消费支出，叫做"范围内消费"，也叫直接支出或直接经济影响；这笔"新"资金的注入将引起新一轮的消费支出——"间接经济影响"；第二轮的消费支出将继续引发第三轮消费支出——"引致经济影响"。其中第一轮消费支出也叫初始经济影响，第二轮间接经济影响及以后的引致经济影响统称为次级经济影响。当然，在评估次级经济影响时，必须要考虑扣除漏损。总体经济影响是事件所产生的全部经济影响的综合，既包括直接经济影响，也包括间接和引致经济影响；既包括正面影响，也包括负面影响。

经济影响评估需要使用非常复杂的程序并且要有定量结果。经济影响评估往往不是一个准确的估计，但应该被视为是最好的估计。因为如果有多个专家估计同一事件经济影响，可能会有多个不同的结果。

二、事件经济影响的来源

事件经济影响主要来源于三个不同方面。

第一，设施建设的经济影响。设施建设的经济影响来源于设施规划和建设过程流入研究领域的支出，如一些专业服务支出（规划和艺术设计支出）、建筑材料支出和当地建筑公司的分包支出。设施建设的经济影响是由于设施规划和建设而导致所在地区的花费，这些花费只有支付给当地经济实体的部分才会对本地形成经济影响。另外，从本地外筹集的建筑资金会对本地产生净经济影响。为了准确估计设施建设的经济影响，最重要的是获得设施建设支出中支付给当地（研究领域）经济实体的部分，并要确定设施建设的资金来源。如果设施建设的支出主要支付给当地公司，并给当地公司的员工带来可观的收入，那么事件对当地的经济就会产生可观的影响（Leistritz，1997）。设施建设资金的来源也会影响项目的经济影响评估。如果建设预算中大部分资金来源于所在地区之外，那么设施建设就会对本地带来净的经济利得。相反，如果设施建设资金主要来源于当地，那么设施建设对本地的经济影响则是零。因为如果设施建设资金来源于当地政府的基础设施预算，当地的基础设施预算不花费在该事件的设施建设上，就会花在其他方面，这样这笔设施建设对本地的经济影响就是零。如果设施管理者能够提供与建设有关的成本账户，设施建设的经济影响就非常容易评估。需要指出的是，设施建筑的经济影响是一次性的。一般来说，大型体育赛事，如奥运会，需要新建或改建体育场馆，就需要对设施建设的重要经济影响做估计。

第二，设施运营的经济影响。设施运营的经济影响主要是指大型事件遗留下来的遗址及场馆设施的后续利用和经营带来的“新资金”流入所产生的经济效应。设施运营（也可称为商业运营）包括特许供应、广告、工资和收益、设施维护、水电费以及其他与日程运营相关的费用。如果事件管理者能提供运营成本的记录，那么事件运营的经济影响也非常容易评估。

第三，事件参与者的消费影响，包括旅行、住宿、餐饮和其他相关费用。事件参与者的花费包括两类：一是代表/观众/随行人员的花费；二是组织者/赞助商/参展商的花费。但很多经济影响评估研究往往忽略后者，造成经济影响被低估（Dwyer，Mellor，Mistilis & Mules，2000）。以上两类人群在事件中都可以称为“游客”。Dwyer et al.（2001）认为组织者、参与者以及媒体的消费都应该包括进来，并指出经济影响评估应该考虑不可见成本和社会收益。在大型体育赛事中，观众、运动员、裁判员、媒体记者、主办方、赞助商、随同人员都称为“游客”；在大型会展活动中，参展商、观众、主办方、媒体代表以及随同人员亦称为“游客”。经济影响评估的关键是估计所有游客、陪同人员、组织者、代理人、赞助人和其他个体或组织（如媒体）的消费支出数额。只有游客注入研究领域的新的资金部分，或者叫“保留消费”，才是和经济影响评估有关的消费。这部分消费也被称作是“范围内消费”（Burns，Hatch & Mules，1986），他们的消费支出是区域经济效益的主要来源。事件参与者（游客）花费的经济影响相对不透明，需要特殊的方法收集数据资料。在本书中，我们主要介绍如何测算事件参与者消费的经济影响。

第二节 事件经济影响评估框架

经济影响研究最重要的目的就是衡量某一区域因为举办事件而增加的经济收益。无论是什么事件（会议、展览、节庆、体育活动、其他活动），经济影响研究都应该有一套统一适用的评估框架。经过对文献的梳理，并根据王起静（2009）的研究，本书按照如下顺序介绍事件经济影响评估框架（见图 2-1）：

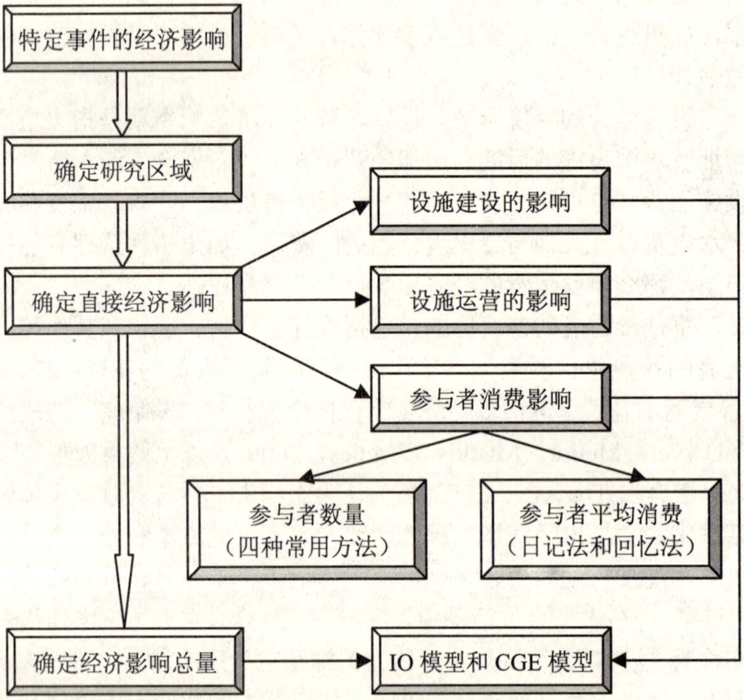

图 2-1 事件经济影响评估框架

一、确定研究区域

Gelan（2003）认为经济影响研究的空间范围是一个有争议的问题，事件影响研究的范围应该被清晰界定。Stynes（1999）认为在事件经济影响研究中，空间范围是一个经常被忽视，但又十分重要的问题，因为游客消费中的一部分可能并未发生在研究区域内。Long & Perdue（1990）研究了某乡村文化艺术节上 235 个游客消费支出的空间分布，并发现 74.9%的游客支出发生在举办地之外，这一研究结果清晰表明高估事件对当地社区经济影响的潜在危险。

研究范围的确定根据事件举办地的特点和事件的性质不同而不同，应涵盖大部分和事件有关的花费。只有确定了研究区域，才能确定哪些是属于来自区域外的资金和游客。研究范围被界定为“事件举办地”，可以界定为在地图上的地理区域，或者界定为以事件举办地为中心，以给定数值为半径的区域内。距离事件核心区域越远，事件经济影响会越小。Bonn & Dai（2004）选择希尔斯伯勒（Hillsborough）县作为研究领域来分析在美国佛罗里达州（Florida）坦帕市（Tampa）举行的多天节庆活动的影响；而 Chhabra et al.（2003）在评估北卡州（North Carolina）为期 4 天的祖父山高原活动（Grandfather Mountain Highland Games）的经济影响时，他将县作为研究对象，因为活动举办地没有足够的接待设施，游客只能到邻近的 10 个县去住宿或吃饭，他认为如果只把研究范围限定在事件举办地单独 1 个县，那么经济影响就会被低估。

选择研究领域应该首先考虑两点：第一，研究领域应该是一个近似自给自足的贸易区域(如当地居民可以在本地获得他们日常生活的大部分物资)；第二，研究领域应该包括大部分与事件有关的消费。合适的研究领域可以是城市、省，甚至国家。但是适合于国家或省份的“乘数”不一定适合城市或者城市的一个地区。举例来说，在 Bitta，Loudon，Booth & Weeks（1977）对 1976 年“罗德岛州高桅横帆船典礼”经济影响研究中，研究者只获得了罗德岛州的乘数，因此他们假设罗德岛州就是合适的研究领域，并且研究了该高桅横帆船赛对整个州的经济影响。

确定合适的研究区域需要考虑三个因素：关键数据的可获得性、事件影响的范围和研究资助者的倾向性（Davidson & Schaffer，1980）。在一些案例中，数据的可获得性可以帮助研究者确定研究区域。因为研究者要评估事件经济影响，首先就要估计所研究领域的乘数，而估计乘数则要获得跨越不同产业和年份的销售和就业数据。这些销售和就业数据是否能够获得就成为确定研究领域的重要因素。而在另一些案例中，如果数据获取不是问题，研究者就要使用其他标准来确定研究区域。第一，节庆活动的影响到底可以达到哪里？第二，谁是兴趣主体，或者是谁资助研究？活动的影响也许可以到达一定范围，但当地的支持者也许只希望显示事件对当地社区或者当地社区的一个部分的影响。而在其他的案例研究中，也许支持者则希望研究事件对其他地区的溢出效应以获得更广泛的支持。

与研究区域有关的一个问题是“经济影响的空间分布问题”。Mistilis & Dwyer（1999）等研究澳大利亚会展活动参会人员的消费支出如何在门户城市和非门户城市之间进行分配。研究表明，门户城市的受益程度远远高于非门户城市，其中门户城市增加值和收入乘数是非门户城市的3倍；国内和国际参会者的消费支出在空间分配上差别很大;非门户城市之间经济受益程度也不均衡。Connell & Page（2005）以一个中等规模的体育活动（2003年举办的世界医疗和健康大赛，World Medical and Health Games）为例，重点研究事件活动的空间分布是否均匀，评估了其在微观层面经济影响的空间分布，经济影响在时间和空间上的分布不是必然均衡的。相反，事件能在地理上产生“赢家”和“输家”,所以政策制定者如果希望通过事件和节庆来提高旅游而制定某些促进战略时，需要准确地意识到这些空间分布影响。该研究还表明，商业企业的空间布局与受益程度紧密相关。布局于市中心的商业企业受益尤甚，远远超过郊外的企业，虽然大部分运动场地布局于郊外。

二、确定直接经济影响

确定研究区域因事件而新增的消费资金，也就是游客带来新资金所产生的第一轮效应，如住宿、餐饮、运输等，即事件的直接效应（direct effect）或第一轮影响。Burgan & Mules（1992）认为研究应该只计算那些没有事件就不会发生的消费支出。Tyrrell & Johnston（2001）指出真正的事件经济影响净值（直接和事件有关的影响）与经济总影响（所有事件参与者的消费支出）不同。

确定直接经济影响需要知道游客数量以及游客消费。游客指的是来自社区之外的人们，主要目的是来参加事件活动的，或者因为事件在目的地呆的时间更长或消费更多。一旦研究区域确定了，就很容易判断谁是游客。被称作“游客”的人们不仅仅是因为他们住在研究区域之外，更重要的是，他们给研究区域带来了通常是在研究区域外消费的货币。因此，一个住在研究区域邻近社区的居民如果通常在研究区域内消费，那么他就不能算做游客。Crompton，Lee & Shuster（2001）认为本地居民、时间转换者和偶然者应该被排除在经济影响之外，因为这些人的消费与事件无关。也就是说，只有来自区域外的主要动机是参加节庆活动的游客消费才会被考虑。Crompton et al.（2001）研究春季庆（Springfest）的调查结果表明时间转换者和偶然者占春季庆（Springfest）所有游客总数的48.7%，本地居民占游客总数的22.5%。下面对本地居民、时间转换者和偶然者这三类情况做简单解释。

一般来说，经济影响研究中，当地居民的花费不被认为会对当地经济产生影响。Crompton（1995）认为本地居民的花费不能算作新的资金，而只能算作已存在当地资金的再流通。因为我们会假设如果一个消费机会被取消，当地居民会在本地区内的其他商品上消费。但Getz（1991）认为如果本地没有事件活动，本地居民就会暂时离开本地，或到其他地方参加类似事件活动，那么这部分本地居民的花费就应该计入直接经济影响的组成部分。有的研究把当地居民的消费支出也计算在经济影响之中，如在 Gartner & Holecek（1983）对 1980 年美国底特律（Detroit）举办的船展的研究中，认为除了底特律船展之外没有其他近似的可替代物。该船展的主要吸引物就是数量众多而且各式各样的所展览的船舶。如果这个船展不在底特律举办，那么底特律的居民就会被吸引到外地参观船展。因此，在底特律地区举办 1980 年船展确保了当地居民的消费留在本地，否则当地居民的消费就会流向其他地区。这些居民的花费通常被界定为“保留支出”,因为保留消费支出与新的引进消费支出对当地经济具有同等的作用，所以 Gartner & Holecek 把当地居民的消费支出也计算在经济影响中。对于大多数当地居民来说，在一个特定的事件中的花费或者与某一特定事件相关的花费（如体育比赛或音乐会）很可能是另一个当地娱乐活动的替代消费（Baade & Matheson，2001），那么对于研究区域的净经济影响就是零。然而，一些当地居民可能对于个别艺人或特定事件有较高的偏好，那么如果该事件不在本地举办，这些居民就要去外地参加这个特殊事件或参加类似事件，这些居民的消费支出则是事件当地经济影响的一部分（Chhabra et al，2003；Gazel & Schwer，1997）。

偶然者是一些非本地观众由于其他原因（如探望朋友或家人）到举办地旅游，“碰巧”参加了当地举办的事件，那么这些观众的花费就不能包括在事件直接经济影响中。如果旅游者本来打算其他时间到举办地旅游，由于当地举办的事件而重新调整为在事件举办期间到举办地旅游，这种现象被称作“时间转换”，不应该算到经济影响中。但如果“偶然者”和“时间转换者”因为事件而在事件举办地停留更长时间或花费更多，那么多花费的部分应该记入事件直接经济影响中。另外，Baade & Matheson（2001）认为事件会产生替代效应或“挤出”效应。由于举办大型事件，举办地居民也有可能会暂时离开举办地，产生“挤出”效应，挤出效应是对游客消费所产生的经济影响的抵消。此外，由于事件的影响，当地居民的消费也有可能被带出区域外去消费。举个简单的例子，假设一个当地居民每周日都在当地的餐馆吃午餐，这个居民为当地企业提供了收入。然而，假设在某个周日有个活动在当地举办，这个居民选择了从活动供应商处购买午餐，假设这个活动供应商是区外的，那么午餐的收入也就流到了区外。这项餐费是和事件举办地有关的，无论事件是否举办，这项支出都是要发生的。然而，作为活动的直接影响，原本直接支付给当地企业的支出，现在却支付给了位于区外的企业。

确定游客数量之后，还要确定游客消费支出。游客消费支出的种类通常包括住宿、餐饮、娱乐、汽油、购物、停车、公共汽车、出租车。人们可能是独自来参加活动，也可能是参加大的团队，还可能是与家人或朋友一起来参加活动的。由于调查时面对的是个体，所以如何确定合适的消费单元就非常重要。解决这个问题的一个方法就是把参加节庆活动的每个人，无论是独自参加，还是团体参加，都看成是独立个体。如果在家庭或朋友组中只有领队被调查了，那么应该询问其整个组的消费，这样可以根据小组人数来估计人均消费情况。

三、确定经济影响总量

1. 确定事件次级经济影响

确定经济影响总量首先要在直接经济影响的基础上，确定事件次级经济影响。确定次级经济影响会用到“乘数”概念，而“乘数”的计算需要使用经济模型，目前经常使用的模型是投入产出模型（IO）和可计算一般均衡模型（CGE）。经济影响评估中使用的模型类型会决定乘数的大小，以及产出、增加值和就业影响。

乘数是经济学中的一个重要概念，其含义是一个经济自变量的变化导致因变量变化，即因变量与自变量的比率。自变量可以是消费、投资、政府购买等，相应乘数为消费乘数、投资乘数、政府购买乘数；因变量可以是产出、收入、就业等，相应乘数可以是产出乘数、收入乘数和就业乘数。以投资为例来说明乘数的概念，投资乘数就是收入的变化与带来这种变化的投资支出的初始变化之间的比率。用公式表示为 $k=Y/I$，其中 Y 表示国民收入的变化，I 表示投资支出的变化。例如，$k=2$，那么，每年的投资支出流量持续增加，将导致每年国民收入的流量增量为投资增量的一倍。乘数作用可通过初始支出后的一系列事件来说明。以投资为例，投资的增加引起收入增加，增加的收入中将有一部分花费在其他商品和劳务上，这意味着生产这些商品和劳务的人的收入增加，随后他们也将花费一部分增加的收入。如此继续下去，每一轮的收入总量越来越小。显然，最终引起的收入增量的大小取决于每一阶段有多少收入用于消费，即取决于这一系列事件中有关人员的边际消费倾向。投资乘数之值等于 1 /（1-边际消费倾向），或者，由于边际消费倾向与边际储蓄倾向之和等于 1，所以乘数之值等于1/ 边际储蓄倾向。所以边际储蓄倾向越大，乘数之值越小。

2. 确定经济影响总量

经济影响总量是直接经济影响和次级经济影响之和。

四、总结

虽然在评估经济影响时一般框架作为研究起点尤其重要，但要特别注意考虑一些因素，如地理（影响进入模式和路线）、气候（影响数据收集条件）、税收政策（影响数据可获得性）、当地的支持（影响数据收集的合作）、事件相对于当地总体经济的重要性等等，这些因素都会在确定研究方法细节方面起到一定的作用。

第三节　直接经济影响测算

对于事件经济影响研究的批评涵盖很多方面，如项目资助者偏差（事件影响研究通常是由项目委托单位提供财务支持）、投资乘数的误用、研究区域的不确定（Crompton，1995）。然而，过去的研究最主要的缺陷还是集中在“确定事件旅游的直接经济影响”问题上（Tyrrell & Johnston，2001；Baade & Matheson，2001；Chhabra et al.，2003；Davidson & Schaffer，1980）。尤其是很多研究中还没有恰当地界定事件净经济影响与事件参与者和游客的总支出之间的区别。总支出是事件游客和参与者的所有支出，而净经济影响是新的支出，就是如果没有事件就不会发生的支出。替代效应或挤出效应也会导致经济影响评估的高估（Baade & Matheson，2001；Hultkrantz，1998）。一些事件举办地的住宿接待设施是有限的，参加事件的游客可能就会替代其他游客，这样就可能会高估经济影响。一些特定类型的事件还可能会有某种形式的漏出，如表演者或体育团队的消费中只有一小部分是在研究区域发生的。销售者的收入可能也只有一部分是花费在研究区域的。考虑到销售者所获得的供应来源地，他们对当地经济的贡献可能非常小。由于这些问题的存在，测算直接经济影响是一个非常复杂的问题。Tyrrell and Johnston（2001）认为如果不能对直接经济影响做合理的估计，即使是在理论上合适的模型也会产生错误的结果。

直接经济影响的测算需要知道两个关键数据：一是游客数量；二是游客平均消费。所以，做经济影响评估最主要的决定因素是游客数量和平均消费。Ritchie（1984）认为虽然与经济影响评估相关的测量在概念上是简单的，但实际收集这些数据却相当困难。

一、估计游客数量

Crompton（1999）指出准确地估计经济影响主要依靠对游客数量的合理准确估计。Crompton，Lee & Shuster（2001）坚信当地居民、时间转换者和偶然经过的消费应被剔除，并在 5 个研究中发现，“时间转换者”和“偶然者”的花费约占总花费的 1/3。因此，Crompton（1999）认为如果研究没有区分“时间转换者”和“偶然者”以及来自外地游客的花费，那么经济影响就会被高估。

Burgan & Mules（1992）也警告“既然经济影响主要与被事件吸引来的游客消费有关，就需要小心衡量那些如果没有事件就不会发生的消费支出”。Gelan（2003）认为除非有仔细设计的方法能够考虑到各种类型的游客和消费特征，否则经济影响可能会被高估。

事件类型不同，游客数量估计也不同。事件中可能既有收费项目，也有免费项目。对于一些需要买票进入或进入受控制的活动，游客数量估计非常简单。而对于游客进入不受控制的事件（如节庆活动或业余体育活动），游客数量估计就是一个很重要的问题。要估计开放式事件的游客数量，理解事件、场馆和人流动态的性质至关重要，同时，可用的设施和人力资源也对方法的选择有重要影响。

Raybould，Mules，Fredline & Tomljenovic（2000）介绍了四种估计开放式事件的常用方法。第一，捕获——再捕获法。这种方法是先选取一个样本，并给样本个体做记号，然后选取一条既定线，计算经过该线的被做记号个体数量。观众数量则等于样本数量乘以经过既定线的所有人数再除以经过既定线的被做记号的人数（Brothers & Brantley，1993）。第二，游行计算法。Getz（1997）指出游行计算法需要大量人力，并需要对人流动态有很好的理解。该方法需要把人流线划分为不同的样本部分，为防止双重计算，应该同时并尽可能在人流高峰期计算不同样本部分的人数。第三，进出口计算法。通过在事件活动的进出口选取样本来计算观众总量。Tyrrell & Ismail（2005）在所研究的事件的每个出口处（7 个）每 1 小时的 15 分钟计算出来的游客，并在每个出口处、每小时选取 30 个观众作为一个样本。使用该方法的前提是可以确定场地的进口，很多街头节庆活动的进口过多而导致该方法不适用。第四，空中摄影法。空中摄影法是生态学家估计大型野生动物数量时广泛使用的方法，如果节庆活动的观众数量巨大而且相对集中在露天空地上，比较适合使用该法。四种方法的具体区别见表 2-1。

表 2-1　估计开放式活动中观众数量的方法

方法	应用条件	需要的人力	限制性
捕获——再捕获法	单个场馆、有限的持续时间	多	需要大样本达到可接受的置信水平
游行计算法	人流呈线状，大部分为静止	多	需要仔细协调计算时间，在计算游行追随者方面存在问题
进出口计算法	单个场馆、进口处较少	多	需要确定和调查所有入口点，确定多重进出方面存在问题
空中摄影法	露天、白天	少	需要预测观众数量高峰期，可能需要估计不能覆盖的区域

除了以上四种方法以外，还有其他一些估计开放式事件游客数量的方法。Bonn & Dai（2004）用容量利用模型估计外来游客的数量，在饭店、旅店周边做调查，以确定饭店接待能力的利用率，据此估计地区内所有旅馆和饭店的利用率；然后用拦截式调查方法获得游客信息，以确定外来游客入住饭店、旅店的比率；最后估计非本地游客的数量。Putsis（1998）使用调查方法及开幕式和闭幕式的观众数量来估计 1995 年特奥会的游客数量，调查为期 9 天的活动中，每一场具体活动的游客是否参加了开幕式和（或）闭幕式，根据其回答及开幕式和闭幕式上的游客数量，可以估计出游客的数量。需要指出的是，没有一种方法可以适合所有的情况，需要根据个别事件的特点来调整和创造方法。另外，要明确游客数量和游客流量之间的区别，比如，当一个游客多次参加该事件时，需要把游客流量除以平均每个游客参加活动的次数，从而得出游客数量。Murphy & Carmichael（1991）第一次测算了高峰期观众人数，通过样本调查确定了流转率，并以流转率为基础调整了观众人数，随后他们调查了参与者的团体规模，并使用这两个数据来估计观众人数。还有的研究让两个调查人员在门口随机选择被调查者，一个人负责计数，另一个人负责调查问卷。随后又向参与者发放邮件以最后确认估计结果，并认为这种三角测量方法（使用两种或更多方法分别估计）提高了置信度。Lee & Kim（1998）最开始提出用五种指标估计外国足球游客：世界杯场馆容量、外国足球游客所购门票比例、外国足球游客门票的期望销售额、举办的比赛数量以及平均每个外国游客参加的比赛数量。

Burgan & Mules（2001）使用票房收入数据估计游客数量。事件组织者应该有票房收入数字，因此，他们认为参加事件人数的最好衡量方法就是用票房收入除以平均票务支出。使用合适的样本，通过调查获得各种游客类型的数量和门票消费，如只参加免费活动的游客、只参加收费活动的游客、既参加免费活动又参加收费活动的游客。在调查问卷中的门票消费一项中，有的人会选零（只参加免费活动的），有的人会选全票价（只参加收票活动的），有的人会选一个折中价格（收费和免费活动都参加的）。一些事件在入口处用旋转门计算人数，或者用一些其他的方法来估计游客人数。但一般情况下，一些事件会有多个活动，可能既有收费活动又有免费活动，那么在免费活动中的观众人数就没有办法来计算或者只能猜测。而这个方法的优点在于门票收入是一个真实的值，不需要估计。但需要说明的是，样本结构或样本数据包括错误概率，所以可能会导致出席数量被低估。另一种替代的方法是所售门票的数量，游客数量就是所售门票数量除以需要购买门票活动的平均数量。这种方法可能有两个缺点：第一，门票数量有时没有做记录，或者在付费门票和免费门票之间没有做认定；

第二，很多事件参与者更愿意参加需要付费的活动，因此调查可能更多地会关注那些需要购买门票的活动，这样就会高估平均门票支出，进而低估游客人数。然而，假设那些在门票上花费更多的游客在住宿、纪念品等方面花费也更多，样本结构问题也将会导致整体支出评估过高。在此，低估观众数量可以抵消这个影响。

二、估计游客平均消费

估计游客平均消费主要采用日记法（diary methods）和回忆法（recall methods）。回忆法通常用现场拦截或邮寄问卷的方式，而日记法则要求被调查者在发生消费支出时就把数额记下，并在事件结束之后返回调查问卷。回忆法依靠被调查者的记忆，比如，用拦截法在事件现场调查时，被调查者需要估计其花费（如果旅游过程还没有结束，那么有些支出还没有发生）（Finn & Erdem，1995；Irwin et al.，1996）。而日记法可以避免这些问题，但日记法主要取决于被调查是否有动机第一时间记录下所有的支出，并返回完整的支出日记。

研究者们如 Howard，Lankford，Havitz（1991），Frechtling（1994）和 Faulkner & Raybould（1995）发现一些游客无法可靠地回忆起他们的活动和消费，从而影响回忆法的使用。回忆偏差或误差分为两类：遗漏和虚报。Rylander，Propst，& McMurtry（1995）认为当交易的复杂性增加以及交易发生与距离调查的时间间隔越长，遗漏的也会越多。Frechtling（1994）认为虚报可能是因为有记忆衰退或炫耀倾向。由于同伴压力所引起的潜在的回忆误差部分是由于采访技巧的区别，尤其是单独采访和在一组人面前采访一个人是有区别的。因此，应该科学设计调查方法，从而使潜在误差缩到最小。

通常来说，在参观结束之后日记记录会邮寄给调查组（Mak，Moncur，& Yonamine，1977；Howard et al.，1991；Rylander et al.，1995）。Frechtling（1994）认为日记法邮回率低可能会产生不回应偏差，这种偏差有时可通过社会人口的权重或波浪分析（wave analysis）来调整。波浪分析是估计不回应偏差的替代程序。Rylander et al.（1995）用波浪分析发现，在 172 个变量中，只有 6 个变量在早反馈者和迟反馈者之间有明显差别，但这 6 个变量可能比较关键，从而导致归纳的结论不恰当。Faulkner and Raybould（1995）研究认为，与回忆法中由于记忆衰退而导致的低谷和回忆偏差相比，日记法中的不回应偏差所产生的问题要少些。

研究者对两种方法得出的数额比较有不同的结论。Faulkner and Raybould（1995）在对 1993 年布里斯班澳大利亚大学比赛的研究中比较了回忆法和日记法，研究表明两种方法在娱乐、餐饮和购物三个方面的支出有较大的差异，其中用回忆法测出了较低的娱乐和购物支出，这可能是由于记忆衰退造成的，而用回忆法测出的在餐饮方面的支出比日记法高，这可能与同伴压力或社会浮夸现象有关。Irwin，Wang & Sutton（1996）以两个具有相似特征的锦标赛为研究对象，分别用日记法和回忆法收集两个锦标赛数据。并得出了与 Faulkner & Raybould（1995）的研究不同的结论，在一个比赛中用现场问卷调查的回忆法比日记法得出的消费支出低 10%，在另一场比赛中则低 19%。结果表明，即使两种方法测算出来的总消费相似，在单项上也有很大的偏差。在每一单项支出中使用回忆法的误差更大，使用日记法所收集的数据误差更小，因此日记法更具有可信性和可靠性。由于回忆法相对方便，而且能规避被调查者不回应的偏差问题，大多数公开发表的文献经常使用回忆法追溯被调查者的消费行为。但回忆法所收集数据的准确性取决于回答者记忆的准确性，在这方面日记法要比回忆法收集的数据准确得多。Breen et al.（2001）用日记法研究了一个节庆活动中游客的花费，研究表明用日记法比用回忆法的均值高，这意味着记忆衰退会对记忆消费产生影响。

三、影响游客消费支出的因素

另一个研究领域是影响游客支出数量的因素（Felsenstein & Fleischer，2003；Jackson et al.，2005；Rao，2001；Thrane，2002）。Hodur et al.（2006）研究表明不同的事件类型中游客的特征和消费数额确实不同。

Pearce（1988）的早期研究表明性别可能会对游客消费有所影响。Faulkner and Raybould（1995）研究表明无论是日记法还是回忆法，男性平均支出要高于女性。这可能是因为社会浮夸效应，因为回忆法在做调查时，调查者通常是在同伴面前回答问题。Breen et al.（2001）研究表明任何方法中男性的花费要高于女性，这与 Faulkner and Raybould（1995）的研究结论一致。

Rao（2001）使用普通最小二乘法（Ordinary Least Square，OLS）研究了印度两个村庄节庆活动中家庭消费支出水平。研究表明家庭节庆消费支出的数量随着父母教育水平的提高而增加，也随着孩子的数量以及处于适婚年龄的女孩数量的增加而增加。在节庆活动中花费更多的家庭往往有较高的社会地位。Rao（2001）还认为风俗习惯也会影响节庆消费，这意味着节庆消费在不同国家和地区之间可能有所不同。

Thrane（2002）研究了爵士音乐节的观众对爵士乐的兴趣和他们的花费之间的关系，并得出对爵士乐兴趣越高的游客花费越多的结论，另外，观众特征，如停留时间、来源地、家庭收入、家庭规模也会影响游客消费支出。

四、样本选择和调查问卷设计

1. 样本选择

为了确保一定的准确度和可信度水平，样本数量需要足够大，研究者必须考虑影响游客分布的因素。例如，在平日参加多天的节庆活动与周末参加节庆活动的游客可能会有所不同，或者在一个为期一天的活动里，下午和晚上吸引的游客特征也可能会有所差别。要获得准确的有代表性的样本，就需要从不同的时间段内收集数据。

样本数量也是需要考虑的问题。样本数量通常与所采用的研究方法有关，在此不赘述。

2. 调查问卷设计

除了确定事件游客的数量，还需要通过调查问卷测算游客的平均消费。调查对象主要分为两类：一类是对获益者调查（如饭店、出租车司机、零售商等）；一类是对消费者调查（如游客、组织者等）。一些研究者为了校对或验证评估结果的正确性，赞成同时使用两种方法。

对消费者的调查问卷应该做到能够区分游客、当地居民、偶然者、时间转换者、消费保留者。首先，分离游客和当地居民的消费支出。调查问卷的一个技巧就是问当地居民如果在“事件举办日”没有该事件，他们是否会把钱花在特定的商品上。如果答案是否定的，那么这些花费就应该计算在事件经济影响之中。这个技巧也有缺陷。因为大多数人都有财务预算，如果他们今天花得多，比如在事件前或事件后出去吃饭，那么他们明天、下个星期或者下个月就会消费得少些。当地居民很可能会由于节庆事件而改变他们消费的时间，所以整体上来说不会给研究区域带来净的现金流量；其次，要确定保留消费支出。Hodur et al.（2006）曾问到当地居民这样一个问题：如果没有参加这个活动，你们将会做什么？被调查者的选择是“在其他地方参加一个相似的活动”，“在其他地方参加一个不同的活动”，“在本地其他娱乐活动上消费”。那些表明“将在其他地方参加相似活动”的当地居民的消费应该包括在直接经济影响评估中；再次，分离时间转换者和偶然者，也就是分离由事件本身引发的支出。观光团体是否真的是被事件所吸引，还是只是为了看望亲戚？如果没有事件活动，游客是否还会到本地来旅游？这些问题只有通过精心设计调查问卷才能获得答案。Hodur et al.（2006）通过两个问题来划分时间转换者和偶然者：1）事件是否是您来举办地旅游的主要原因？回答“否”的人都应该从经济影响评估中剔除出去。2）此次旅游是否替代了您此前的旅行计划？回答“是”的人也应该从经济影响评估中剔除出去。

但也有学者提出，确定某项消费是否应计入直接经济影响，不仅需要确定消费的主要原因，还需要确定某种原因的确切比例。例如，一个游客在事件举办之前在一个当地饭店花了 15 元，如果这个花费 97%是由于在这个地方有此事件，那么 14.55 元就应该属于直接经济影响。也可以问这样的问题，对于本地人，“如果当地没有该活动，您到外地去参加类似活动的概率有多大？”对于外地人，“你来本地旅游有多大的机率是因为该事件？”这种方法可以更准确地估计事件的重要性，而不是简单地把其划分为“第一目的”和“第二目的”。

这些收集观众消费支出信息的方法被广泛使用，但这些方法也有一些不足。第一，事件参加者一般在现场很少会给调查者准确的消费支出信息，很少有兴趣填写调查者放在饭店房间里的或者是在现场发的调查问卷。经验丰富的调查者可能对解决这些问题有所帮助，但也会极大地增加调研成本。Jackson et al.（2005）认为他们开发的自制工具箱（DIY kit）可以更准确地评估地方节庆活动的经济影响，这个自制工具箱设计了更为准确的调查问卷来获取观众的消费支出以及节庆活动举办地的特征，如出口收入、进口替代、地区内的收入再分配等等。Jackson et al.（2005）认为这种方法可以减少错误数据结构并且方便使用。

除了收集观众的消费信息，还应该用调查问卷收集相关企业的信息。Kim et al.（1998）研究中加入了企业调查，Long & Perdue（1990）也提出了相同的建议，Davidson & Shaffer（1980）也建议应该做企业层面的调查。企业调查问卷也有其缺陷，很多研究文献判断“是否由事件引起的消费的标准”是与事件后的销售业绩相比。但是事件后的销售情况就能够说明事件活动期间应该有的销售吗？在事件后该地区是否有其他的事件和吸引物，或者事件后就是淡季呢？另外，商人是否愿意公布自己的销售数据？提出这些问题就是想说明任何方法都存在缺陷，意识到这些缺陷是非常重要的。

需要指出的是，调查问卷应该简短。调查问卷越短，被调查者所花的时间就越少，就越愿意参与调查。因此，调查问卷应该只包括主要问题。下面是 Crompton et al.（2001）研究的在大西洋城举办的春季庆活动的调查问卷。

资料 2-1　大西洋城春季庆（SPRING FEST）1999 游客调查问卷

日期_____________　　时间___________

1. 您家庭住址的邮编？_______

2. 您（将会）在哪一天来到事件现场？（多选）

A. 周四　　B. 周五　　C. 周六　　D. 周日

3. 和您一起前来的家人和朋友共几人？（包括您自己，只计算您要为其支

付各种开支的人数）__________

4. 在您此次旅行中，您及同行的家人和朋友在以下各项目中的花费分别是多少？

	大西洋城之内	大西洋城之外
A. 餐饮支出（饭店、咖啡馆等）	__________	__________
B. 夜店、酒吧	__________	__________
C. 购物（纪念品、礼物、电影等）	__________	__________
D. 住宿（旅店、汽车旅馆等）	__________	__________
E. 个人交通支出（汽油、修理、停车费等）	__________	__________
F. 租车支出	__________	__________
G. 其他支出	__________	__________

请注明其他支出项目____。

5. 如果没有这个节庆活动，您也会在这个时间来大西洋城吗？

A. 是　　B. 否

如果您的答案是 A，那么您会因为这个活动而延长在大西洋城停留的时间吗？

A. 是　　B. 否

如果您的答案是 A，那么您会延长（ ）天。

6. 如果没有这次活动，您会在未来三个月之内来大西洋城吗？

A. 是　　B. 否

第四节　经济影响测算模型

事件经济影响的评估方法经历了从简单到复杂的过程。在研究的最初始阶段，经济影响的评估仅停留在简单地计算其直接经济影响，或用其他行业的乘数（如旅游业）粗略估计其总体经济影响。随着学者们对事件经济影响关注度的提升，投入产出模型（Input-Output，I-O）开始被广泛运用，并改进开发出了更有效的投入产出模型。随后，投入产出模型的一些局限性受到了许多质疑和批评，于是更加复杂的可计算的一般均衡模型（Competal General Equilibriton，CGE）被引入到事件经济影响评估中来。

罗秋菊等（2011）指出，从事件经济影响评估的时间来看，可分为事前效应评估和事后效应评估。事后效应评估是在事件举办后对事件前后状态进行对比，从而剥离事件的影响。该方法的关键和难点是界定“正常”的经济状态。

该方法目前使用较少，主要采用计量经济学模型。而事前效应评估是在事件活动前或举办中对大型活动进行评估，目前大部分研究属于事前评估。经济影响分析法和收益—成本分析法（Cost-Benefit Analysis，CBA）是事前评估的两种方法。经济影响分析法是基于经济增长范式的影响分析，该方法在测量游客消费引致的直接经济效应后，主要运用投入产出模型（I-O）以及可计算一般均衡模型（CGE）计算间接效应和引致效应。不少学者认为经济影响分析法只有总体收益的分析而没有成本的核算，即不是净收益的分析；只是对地方经济相对静态和功能主义的分析，尤其对目前使用较普遍的投入产出模型（I-O）争议较多。收益—成本分析法（CBA）是以福利经济学为理论基础，是基于福利经济学范式的分析（Welfare-economics Paradigm of Cost-benefit Analysis），很多学者呼吁更全面的成本收益分析（Burgan & Mules，2001；Whitson & Horne，2006）。该方法被认为是对事件活动影响更加全面的考察，因为不少学者认为 CBA 最大特点是测量和考虑了机会成本，综合比较了效益与成本的平衡情况。效益不仅要考虑消费者的实际支出，而且要测量消费者的剩余，用消费者愿意支付的价格计算事件活动的“存在价值”，即消费者在购买中愿意支付的价格与其实际支付价格之间的差额，当愿意支付的价格超过实际支付的价格时，效益就大于成本，成本主要是评估各类机会成本。收益—成本分析实际操作非常困难且成本高，因为运用这种方法所付出的费用和成本要远高于事件本身所引致的成本，所以目前只限于理论探讨，实证和案例研究很少。总之，经济影响分析法作为经济福利的代名词的确有其限制的一面，但该方法无论是现在还是未来都是评估公共资金投入使用的最主要和最合适的方法。

一、投入产出模型（I-O 模型）

投入产出模型可以评估每一个新增的消费对本地不同部门的经济影响，其系数量化了不同部门之间采购和销售的资金流动，不仅包括直接受游客消费影响的部门，还包括通过消费循环和再消费而受到间接影响的部门。估计产出、收入和就业影响的乘数都是根据投入产出模型计算的（Bushnell & Hyle，1985；Turko & Kelsey，1992；Dawson，Blahna & Keith，1993；Wang，1997；Donnelly et al.，1998；Crompton，1999）。Hodur et al.（2006），Chhabra et al.（2003），Tyrrell and Johnston（2001），Dwyer et al.（2000），Kim et al.（1998）都使用过投入产出模型研究事件经济影响。

1. 投入产出模型的假设

投入产出模型有以下几个假设（Briassoulis，1991）。第一，所有投入和资源都可以自由供应，没有资源限制。但在现实经济中通常存在资源限制，评估新增游客的消费对经济活动影响时需要考虑这一点。第二，投入和产出、劳动力和产出以及增加值和产出之间的比例保持不变。但这个假设是不现实的，由于相对价格的变化会引起企业改变投入比例。第三，所有的价格效应和财务效应都是中性的。但实际上在经济活动扩张时，经济增长空间的限制将会引起价格和成本上升。投入价格和工资的上涨就会限制产出和就业增长的范围，甚至可能会在某些部门产生相反的效果。第四，政府预算部门的行为被视为中性。然而，经济扩张会导致税收增加，促使政府增加支出、降低其他税收、减少向公众借债，这些会对经济活动产生更深远的影响。

2. 产出乘数、收入乘数和就业乘数

投入产出模型主要用“乘数效应”来表示在某一研究领域的初始消费和再消费的效应。计算乘数需要将当地的经济分为基础（外向经济导向的）和非基础（当地服务）部分（Leistritz & Murdock，1981），乘数估计依据经济活动总量（如收入）与基础经济活动（收入）的比例。因此，计算乘数需要收集大量的数据并对数据进行分析。

乘数可分为产出乘数、收入乘数、就业乘数。产出乘数衡量新注入资金对企业活动和流转额的直接效应和第二轮效应；收入乘数衡量收入的直接效应和第二轮效应；就业乘数衡量新注入资金所带来的新的全职工作的数量。很多研究采用产出乘数研究事件经济影响，如 Daniels，Backman & Backman（2004）在研究职业高尔夫协会旅游活动经济影响时采用的是产出乘数，Bradbury & Molloy（1995）在研究 1993～1994 年度环球帆船赛停留在奥克兰惠特布莱德（Aukland Whitbread Stopover）国际活动的经济影响时也采用了产出乘数。Crompton，Lee & Shuster（2001）认为产出乘数对于研究产业间相互影响的经济学家、重视销售影响的企业所有者、重视销售收入的官员来说具有一定的意义。而且产出乘数大于收入乘数，利用产出乘数计算出的事件经济影响总量大，所以很多经济影响研究倾向于用产出乘数以获得政府的支持。但 Crompton，Lee & Shuster（2001）建议使用收入乘数，而不是产出乘数。他们认为产出乘数把观众的消费与消费所创造的企业流转额联系起来，是一个很难被理解的衡量方法，实用性有限。而收入乘数把观众的消费和当地居民的收入联系起来，是居民更关心的指标。对于就业乘数来说，Daniels，Backman & Backman（2004）认为就业乘数容易引起歧义，很多事件影响研究都不用就业乘数来评估经济影响。Crompton，Lee & Shuster（2001）也认为应慎用就业乘数，主要是因为：第一，在活动期间，企业一般采用延长员工工作时间的方法，而非雇佣新的员工，即使是雇佣，数量也非常小。第二，就业估计假设已存在的就业为完全就业，那么额外的观众消费就会产生新的就业机会，但实际上很多岗位属于半就业状态，至少不是完全就业。第三，就业估计假设所有新产生的就业机会都属于本地居民，但事实上也有可能部分就业机会由外地来本地务工的人员获得。也有文献专门研究事件的就业影响，如 Daniels（2004）用职业基础模型（Occupation-based model）来估计事件的就业影响，该模型在投入产出模型基础上发展起来，可通过多种方法来调节投入产出模型以估计短期事件对各行业就业和工资的影响。

我们应该认识到乘数分析只能提供经济影响的总体估计（当地经济的所有部门的效应总和）。如果想要确切了解某一具体部门的影响，则应使用投入产出模型（或其他多部门方法）。

3. 投入产出模型

投入产出模型是研究和分析国民经济各部门间产品生产与消耗之间的数量依存关系的方法，又称投入产出分析或部门间平衡经济数学模型，是系统工程的一种重要建模方法。各个生产部门都需要从其他生产部门购入产品和支付服务性费用，同时也为其他部门生产产品和提供服务。为了研究这种投入和产出的数量依存关系，可以将各种经济活动情况表示在一张专门设计的投入产出表中（投入产出表的具体特征见资料 2-2），从而为研究一个国家或地区的整个经济活动提供一个简明而又系统的结构模型。投入产出模型的吸引力主要源于其能提供每个部门（产业）的影响估计，而且投入产出模型对各种事件和活动所产生的支出数量和构成都很敏感。Pomeroy，Uysal & Lamberte（1988）认为投入产出模型可以为社区管理者和政策制定者提供有用信息。

资料 2-2　投入产出表的主要特征

投入产出表从国民经济是个有机整体的观点出发，综合研究各个具体部门间的数量关系（技术经济联系），既有综合指标又有按产品部门的分解指标，二者有机结合。因此，利用它可以较好地了解国民经济的全局和局部的关系，做到在国民经济综合平衡的基础上，确定每个具体部门产品的生产和分配，从而成为计划和预测的一种重要工具。

投入产出表采取棋盘式，纵横交叉。从而能从生产消耗和分配使用两个方面来反映产品在部门之间的运动过程，也就是同时反映产品的价值形成过程和使用价值运动过程。因为每个部门同时具有生产者和消费者的双重身份，它既产出产品，按社会需要分配，供其他部门和领域消费，又要消费其他部门的产品，通过本身的生产消费过程才能把产品生产出来。这样，国民经济中各种产品的生产和分配相互交织，就形成所有部门间相互消耗和相互提供产品的内在联系。

通过各种系数投入产出表，一方面反映在一定技术水平和生产组织条件下，国民经济各部门间的技术经济联系；另一方面用以测定和体现社会总产品与中间产品、社会总产品与最终产品之间的数量联系。既反映部门之间的直接联系，又反映部门之间的全部间接联系。投入产出表所提供的各种系数，是人们对国民经济进行数量分析、平衡核算和计划计算的依据。

投入产出表的本身，就是一个经济矩阵，就是一个部门联系平衡模型，可运用现代数学方法和电子计算机进行运算。这不仅可以保证计划计算的及时性和准确性，而且可以进一步扩展，与数学规划和其他数量经济方法相结合，发展成经济预测和计划择优的经济数学模型。因此，与现代数学方法和电子计算技术的结合，可以说是投入产出法的重要特点之一。

投入产出分析模型包括区域投入产出分析（Regional Input-output Modeling System，RIMS）与明尼苏达 IMPLAN 集团的投入产出模型。Humphreys et al.（1995）、Marwick（1993）、InterVISTAS（2002）采用了 RIMS 的分析方法，但 Humphreys et al.（1995）认为该模型无法评价临近区域的经济影响。Fuller & Clinch（2000）在研究中采用了 IMPLAN 模型，IMPLAN 模型不仅可以研究收入，还可以研究就业。Belkin 和 Celebrezze 分析纽约体育会展中心举办展览会等大型活动对纽约市经济与财政的影响时，同时使用了 RIMS 和 IMPLAN 模型，得出的结论是：在生产、建设、财政、硬件设施和商业服务等方面使用 RIMS 进行分析时的乘数更大，而在那些受游客消费行为影响较大的行业，如住宿、娱乐、餐饮、零售贸易等，使用 IMPLAN 模型分析时得出的乘数更大。

很多学者用投入产出模型研究了事件的经济影响。Gelan（2003）运用投入产出模型评估得出 1999 年英国公开赛（British open）给当地经济带来了 2010 万美元新资金，对举办地所在州的预期波及效应达 2080 万美元。他还指出一个结构严谨的研究方法对于结论是否会夸大经济影响评估起到关键作用。Haug et al.（2004）以一年一度的大型赛马活动为例，使用投入产出模型计算出赛马活动对伊利诺州的经济贡献为 5700 万美元，为政府带来了 390.7 万美元的税收收入，并创造出 630 个新增职位。Lee & Taylor（2005）在韩国世界杯的研究中，首先对国外游客以及消费进行分类，认为只有 57.7%的游客消费是属于世界杯所带来的经济影响；然后使用投入产出模型评估世界杯为韩国带来了 13.5 亿美元的产出、30 700 万美元的收入以及 71 300 万美元的增加值；结论亦提出观看世界杯的国外游客的消费是一般国外的休闲游客的 1.8 倍。Yu &Turco（2000）选择柯达国际气球节为案例，调查游客的消费及其消费的空间分布，在产出、收入以及劳动力三个变量的基础上计算出气球节对旅游目的地经济的直接、间接以及引致影响。Tohmo（2005）使用投入产出模型得出音乐节为当地带来 170 万欧元的产出和 65 600 欧元的收入。Kim et al.（2003）等从产出、就业、工资收入、增加值等方面对韩国 2001 年国际会议业的经济影响进行了分析，认为会议产业是经济的潜在发动器，因为结论得出 13 000 万美元的直接经济效应能带动 21 700 万美元的产出，13 792 个全职就业，47 400 万美元的个人收入，11 460 万美元增加值和 11 900 万美元政府收入以及 1 560 美元的进口。Shilling，Mchargue & Maene（2002）分析了美国威斯康星州 2001 年州交易会的经济影响，认为交易会给举办地密尔沃基（Milwaukee）县和整个州分别带来了 6 700 万美元和 4 880 万美元的直接和间接效益。Chhabra，Sills & Cubbage 运用旅游者问卷调查结果和投入产出模型，研究了美国北卡州乡村地区两个苏格兰节庆中的旅游者消费所带来的经济影响。他们还得出了一些十分有趣的结论：尽管当地的餐厅、旅馆、商贩和赞助商们都从旅游者的大笔消费中获利不少，但由于乘数效应相对较小，上述两个节庆的总体经济影响在两个举办地的经济活动中只占很小的比重。节庆活动的经济影响大小，不仅取决于活动本身（特别是天数），还要受制于当地的经济状况（如其他吸引物或两者之间的联系等）。

4. 投入产出模型的适用性

投入产出模型具有过程清晰、操作简单等优点，但同时也存在明显的局限性。概括而言，投入产出法有非常严格的假设条件，如固定投入比例、完全投入供应弹性、连续价格等，不符合客观经济实际（Dwyer et al.，2004）。这种分析方法的主要缺陷是忽略了经济过程中的各种约束，比如供给约束、政府预算约束、贸易支付差额约束等。这些局限性容易导致对间接效益的评估被夸大，若站在全国层面上来看，这一点表现得尤为突出。Dwyer 等（2004）指出，投入产出模型主要缺点为：第一，因为忽略活动的消极作用和资源约束，容易夸大大型事件对举办地的影响。第二，忽视了非旅游行业的反馈效应。第三，不能为政策制定者提供正确的依据。其他很多学者在研究事件经济影响时也都指出了投入产出模型存在的缺陷，主要表现在以下几点。

第一，投入产出分析需要大量数据和人力，很多机构因没有相应的财力或人力而不能使用投入产出工具（Fletcher，1989；Walo，Bull & Breen，1996）。因此有的事件经济影响研究只分析直接影响，如 Long & Perdue（1990）只分析了乡村艺术和手工节庆的直接经济影响，Simmons & Urquhart（1994）研究 1989 年在新西兰举办的为期 12 天的耐力体育活动时也只分析了该活动的直接经济影响。还有的事件经济影响研究直接借用其他研究的投入产出乘数，如 Bitta，Loudon，Booth & Weeks（1977）在研究美国罗德岛高桅横帆船典礼经济影响时，直接借用了 Feld（1973）在罗德岛大学题为“纳拉甘塞特（Narragansett）海湾经济浪费生产连接模型”的未公开发表的博士论文中的乘数。一般在采用其他研究的乘数时需要考虑两个研究领域中的经济是否相似。一个大都市的乘数应用到另一个规模相同的大都市的经济影响评估中也许是合理的，但是如果应用到一个小农村可能就会高估其影响。在很多案例中，不恰当地使用投入产出模型分析，就会高估经济影响，Johnson & Moore（1993）通过对比原始模型（数据没有经过调整）和使用调整后数据的模型，证明了这一点，原始模型导致产出高估 33%，收入高估 29%，就业高估 38%。

第二，投入产出模型只能分析正面影响，不能分析负面影响。Dwyer，Forsyth & Spurr（2005）认为政府如果要考虑是否给事件提供补贴，就必须要对其进行成本收益分析，也就是既要考虑正面影响，也需要考虑负面影响，而投入产出模型不能顾及负面影响，所以不能用来评估净税收影响。

第三，投入产出模型通常只提供研究区域内居民的新增总体收入（但没有表示出在高收入和低收入者之间的收入分配）。为了解决这些缺陷，社会账户矩阵（Social Account Matrix，SAM）和可计算一般均衡模型发展起来。

第四，投入产出分析不能评估经济影响之外的影响（Fredline，Jago，& Deery，2003）。Dwyer，Mellor，Mistilis & Mules（2000）认为应该有更多的无形影响研究。一个有效补充信息的方法是对社区内企业和领导进行定性访谈，因为他们非常熟悉事件影响。定性访谈信息与投入产出法结合起来就能够为事件管理者提供更深的视角。

第五，投入产出模型假设主要经济变量之间的关系是线性的，即使在发生大的震荡，譬如举办奥运会期间也是如此，这样的研究不能全面反映供给短缺或规模经济等现象，从而有可能得出一些带有误导性的结论。Leiper（1997）也认为，投入产出模型（I-O）无法模拟所有经济波动，比如奥运会期间临时性的物价上涨以及交通拥挤，将导致本地居民选择外出旅游，从而增加了经济影响估计中分离本地消费的难度。

总之，在考虑选择投入产出模型是否合适时，重要的是考虑事件的规模、经济影响的分布、分析的范围、决策者的特别考虑。如果相对于地区经济影响范围波动较小，投入产出模型关于固定系数、产出供应弹性、连续价格的假设就可能是合理的（Loveridge，2004）。相反，如果影响过大，这些假设可能就不太合理了。分析范围是模型选择需要考虑的另一个因素。如果事件影响的分析范围是国内，那么投入产出模型关于自由获得资源的假设就不太合理。国内经济的巨大变化可以影响劳动力供应和外汇汇率。最后，决策者的需要也能影响模型的选择。

二、可计算一般均衡模型（CGE 模型）

在过去的研究中投入产出法被广泛使用，但 Dwyer et al.（2005）指出投入产出法在事件评估中存在根本的缺陷，并建议使用可计算一般均衡模型方法。从理论和实践角度而言，投入产出模型将被更为全面的可计算一般均衡模型所取代。Dwyer，Forsyth & Spurr（2006）还认为在旅游领域使用 CGE 模型的研究在逐渐增多，但在事件研究领域 CGE 模型还没有被广泛使用。Dwyer，Forsyth & Spurr（2005）同时使用投入产出模型和可计算一般均衡模型估计了特殊事件在地区、州和全国的经济影响。研究表明可计算一般均衡模型各项乘数小于投入产出模型的乘数。

1. 可计算一般均衡模型的假设

可计算一般均衡模型有以下几个假设。第一，所有主要的最终需求构成都是内生变量。CGE 模型提供解释最终需求构成的理论。然而最终需求构成，如实际的公共投资和政府消费外生决定，这些需求构成的名义价值在价格变化的模拟下会发生变化。第二，资本和土地是外生变量。从长期来看，所有因素都可以允许变化。然而，短期事件不太可能导致资本市场的重大变化。这样，我们需要假设固定的公共投资和固定资本。第三，存在价格引致替代效应。真实的工资是可变的，地区的名义收入和真实工资在不同地区之间允许向不同的方向变化。私人投资是有弹性的，是投资回报率的函数。第四，政府预算赤字是固定的。政府支出是可变的，既然经济活动变化能影响政府收入，最终影响支出，并将反过来影响经济活动，所以应该考虑这些影响。税率是固定的。我们应该假设额外的税收收入将会导致同等的新增公共支出。第五，就业可以被视为完全不可变的（零弹性的）或者是完全灵活的（完全弹性的）。为了比较，在两种极端的假设条件下用模型来模拟，结果是平均的。为了表述简单，可以在两个极端中间选择一个点，这是现实状态的最好估计。

2. 可计算一般均衡模型的优势

与投入产出模型相比，可计算一般均衡模型有以下几个优势。

第一，可计算一般均衡模型把整个经济看作一个完整的系统，并假设在这个系统中各个不同部门之间相互影响，存在资源限制即价格引致的替代效应，供需必须平衡。

第二，可计算一般均衡模型可估计整个省或国家的经济。一般来说，事件对当地经济的影响比较大，而相对于整个州或国家的影响则比较小。如果需要国家层面对事件提供财务支持，那么政府就不仅需要了解事件对当地经济的影响，还要了解事件对整个国家的影响。而事件对整个国家的影响无法通过投入产出模型评估，因为投入产出模型只能很好地评估事件对当地的经济影响。很可能某事件对某个地区很有吸引力，但对于整个国家来说没有太大收益，甚至会带来负面影响。事件对于国家来说，也许只是在不同地区转移了收益，而不是新创造了经济活动或就业。尽管如此，国家政府也可能会资助事件的举办，这可能是因为事件举办地正处于萧条时期，国家需要通过资助事件举办而提振当地的经济。作为国家来说，必须要充分考虑在整个国家的产业和地区中，谁是赢家，谁是输家。而投入产出模型无法提供这些信息，但这个评估对于国家来说是非常重要的。例如，Dwyer et al.（2000）认为 CGE 模型可能更适合评估 2000 年奥运会的经济影响，而用投入产出模型评估由悉尼会议观光局赞助的事件的经济影响似乎更适合。

第三，可计算一般均衡模型可同时评估事件的正面和负面影响，可以评估税收效应和政府补贴效应。不同经济活动被征税的比例是不同的，事件带来的支出模式的变化会影响税收。税收的变化会导致政府支出和税率的变化，这将进一步影响经济活动。这些影响都会在 CGE 模型中有所体现。另外，政府经常补贴事件，这些补贴需要通过政府收入或其他方面支出的缩减来融资。通常税收增加或支出缩减都会对经济有负面影响，这些负面影响也应被考虑。补贴效应不能通过投入产出模型来模拟，但可以通过可计算一般均衡模型模拟，而且补贴对经济活动的影响可以通过可计算一般均衡模型来估计。

3. 可计算一般均衡模型的适用性

Dwyer，Forsyth & Spurr（2006）认为可计算一般均衡模型也有一些限制。第一，模型的选择依赖于事件的大小和研究范围的大小，规模越大的事件越适合选择可计算一般均衡模型，研究范围较大，如全国或全省，较适合选择可计算一般均衡模型，研究范围较小，如某一城市，较适合选择投入产出模型。第二，可计算一般均衡模型需要做很多假设，这使模型很复杂，难以使用。第三，使用可计算一般均衡模型的成本很高。第四，可计算一般均衡模型修订了投入产出模型的假设条件，这些对假设条件的修订也有更多、更广泛的数据需求，通常也没有投入产出模型那样多的部门（Loveridge，2004）。

三、其他模型

在事件经济影响测算中还可使用其他模型，如北欧模型（the Nordic Model，NM）、社会账户矩阵（Social Accounting Matrix，SAM）等。NM 模型在 20 世纪 70 年代后期由北欧管理委员会设计，用来调查旅游者的经济影响。Stiernstrand（1996）用 NM 模型研究了瑞士哥德堡（Gothenburg）旅游展览会的经济影响。如果需要研究地区收入影响的分布，可能就要选择 SAM 模型（Leatherman &

Marcoullier，1999）。社会账户矩阵与投入产出模型遵循同样假设，但更关注经济变化的分配效应（Loveridge，2004）。例如，Daniels et al.（2004）用社会账户矩阵模型估计了公路竞走（road race）的经济影响，包括新增收入在低、中、高收入家庭的分配。然而，社会账户矩阵也对数据有额外的要求，经常需要收集原始数据（Loveridge，2004）。由于额外的数据要求，社会账户矩阵通常比投入产出模型所涉及的部门要少。

当然，计量经济学模型也被用于事件经济影响的事后评估中。如Badde和Matheson对1984年和1996年洛杉矶及亚特兰大奥运会的就业影响进行了事后评估，他们运用计量经济学模型和回归模型试图发现如果没有奥运会，其正常的就业状态以及奥运会对就业带来的影响。

纵观现有的研究，虽然大量文献探讨了测量和评估事件经济影响的方法及模型，但是每一个具体的事件活动都有其自身特征，从而限制了所谓“最佳”方法的使用。

第五节 案例分析——2008年北京奥运会经济影响分析

奥运会各项支出庞大，主要包括：奥运场馆相关建设支出、奥运会运营支出、旅游支出、基础设施建设支出四个方面。下面从这四个方面简单说明2008年奥运会对北京的经济影响。

一、北京奥运会的各项支出

1. 奥运场馆相关建设支出

奥运会相关设施建设主要包括体育场馆和奥运直接相关设施项目（奥运村、记者村、主新闻中心、国际广播中心等）两个大类。《北京2008年奥运会申办报告》（以下简称《申办报告》）确定的体育场馆、相关设施的总投资额为20.616亿美元，约合人民币170.49亿元（按1美元= 8.27人民币，下同），其中组委会出资1.9亿美元（其中1.02亿美元用于体育设施的建设，0.4亿美元用于奥运村的建设，0.45亿美元用于主新闻中心和国际广播电视中心，0.03亿美元用于记者村）；政府和其他方面投资18.71亿美元（其中14.29亿用于体育场馆建设，4.42亿用于奥运村建设）。

预算中用于京内设施的支出为18.494亿美元，约合人民币152.95亿元；京外5个比赛场馆（青岛国际帆船中心、天津体育场、秦皇岛体育场、沈阳五里河体育场、上海体育场）的新建改建支出为2.122亿美元，约合人民币17.55

亿元（表2-2）。

表2-2 《北京2008年奥运会申办报告》中列出的体育场馆、设施支出

	在京设施支出		京外设施支出		合计	
	百万美元	亿人民币	百万美元	亿人民币	百万美元	亿人民币
体育场馆	1318.93	109.08	212.19	17.55	1531.12	126.62
奥运村等相关设施	530.48	43.87	—	—	530.48	43.87
合计	1849.41	152.95	212.19	17.55	2061.60	170.49

资料来源：由《申办报告》中《体育场馆建设投资总预算表现金流量表》合并计算而来，近似计算时均保留到小数点后两位。

但在后来北京市发布的《北京市奥运行动规划》（以下简称《行动规划》）中确定：奥运会比赛计划使用场馆37个，其中北京地区32个，京外地区5个。在北京32个比赛场馆中，新建19个（含6个临时赛场），改扩建13个，此外还要改造59个训练场馆及配套建设残奥会专用设施。由于客观需要，有关部门对一些投资额进行了调整，在京奥运场馆建设及配套设施项目的投资总计为280亿元人民币，这要大大高于《申办报告》中的在京投资额（见表2-3）。

表2-3 在京奥运场馆建设及配套设施项目的投资数额

建设项目	投资额（亿元人民币）
新建场馆19个（含6个临时赛场）	95.2
改扩建场馆13个	24
训练场馆装修改造项目59项	4
残奥会专用设施改造	3.8
小　计	127
新建与奥运会直接相关的设施项目	153
合　计	280

造成这种差距的主要原因是在《申办报告》的预算中，主新闻中心、国际广播电视中心和记者村计划使用租用建筑，而在《行动规划》中这些设施将完全新建。将表2-2和表2-3综合考虑，得出2008年奥运会体育场馆、相关设施建设支出总额为297.55亿元人民币（见表2-4）。虽然后来北京地区建设的场馆数量又有了大幅度的调整，鸟巢也经历了瘦身方案，但整体的预算并没有大的变化。

表 2-4　2008 年奥运会体育场馆、相关设施建设支出分配（亿元人民币）

	在京设施支出	京外设施支出	合　计
体育场馆	127	17.55	144.55
奥运村等相关设施	153	—	153
合 计	280	17.55	297.55

2. 奥运会运营支出

《申办报告》中详细地提出了组委会的财政预算情况，其中运营费支出 14.19 亿美元，约合人民币 117.35 亿元。2003 年因安保费用突破了预算，使奥运会期间的运营费用预算增加了 3.75 亿美元，约合 31 亿元人民币，那么北京奥运会的运营支出就变为 148.35 亿元人民币。

3. 旅游支出

旅游支出需要研究者科学合理地设计调查问卷，并通过大量调查获取游客消费数据。前面已就如何设计调查问卷做了详细说明。但受各种资源限制，本章并没有就 2008 年北京奥运会旅游支出做大规模问卷调查，因此对北京奥运会旅游支出做出"最好的估计"。但需要强调的一点是，旅游支出估计是事件经济影响中最重要的一个环节。

4. 间接支出的总体经济影响分析

根据 2002～2007 年生态环境和城市基础设施建设投资规划，2002～2007 年间，环境污染防治、生态环境建设、交通建设和管理以及信息通信建设的总投资为 2 507 亿元人民币，其中环境保护项目 582 亿元，交通及其他项目 1 293 亿元，信息通信项目 632 亿元。

二、乘数估计

前面提到，经济影响测算模型（投入产出法和可计算一般模型）都非常复杂，需要耗费大量的人力、物力。根据前面介绍，可以采取研究区域（如北京）多年总体经济及产业发展数据，测算本地区的乘数，也可借用其他研究成果中的乘数。

本章主要在于介绍事件经济影响评估的一般框架、主要概念和研究方法，受人力、物力、财力的限制，并没有专门就 2008 年奥运会的经济影响做全面评估。

第六节 总结

很多国家与地方政府都在鼓励举办事件以促进地区经济增长，事件经济影响研究势必成为未来研究的一个重要领域。本章通过对已有事件经济影响研究文献的全面梳理，并以确定研究领域、测算直接经济影响、选择适当的经济理论模型、测算次级经济影响等内容为重点，为读者提供了一个事件经济影响的评估框架。

本章的主要内容如下：第一，事件经济影响及其来源。由于事件活动引发新资金的注入，这些新资金参与到举办区域的经济循环，从而引起区域经济总量发生变化，其变化反应程度就可计量为事件的经济影响。事件经济影响主要来自于三个方面：设施建设的经济影响、设施运营的经济影响、事件参与者的消费影响。第二，事件经济影响评估框架：确定研究区域、确定直接经济影响、确定经济影响总量。本地居民、时间转换者和偶然者应该被排除在经济影响之外。第三，直接经济影响的测算需要知道两个关键数据：一是游客数量，二是游客平均消费。确定游客数量有多种方法，如捕获——再捕获法、游行计算法、进出口计算法、空中摄影法等等。估计游客平均消费主要采用日记法（diary methods）和回忆法（recall methods）。第四，事件经济影响的评估方法经历了从简单到复杂的过程。在研究的最初始阶段，经济影响的评估仅停留在简单地计算其直接经济影响或用其他行业的乘数（如旅游业）粗略估计其总体经济影响。随着学者们对事件经济影响关注度的提升，投入产出模型（Input-Output，I-O）开始被广泛运用，并改进开发出了更有效的投入产出模型。随后，投入产出模型的一些局限性受到了许多质疑和批评，于是更加复杂的可计算一般均衡模型（Competal General Equilibriton，CGE）被引入到事件经济影响评估中来。当然，计量经济学模型也被用于事件经济影响的事后评估中。

经过三十多年的发展，事件经济影响的研究方法已经取得了一定的进展，并得出了有益的结论，但 Getz（2008）指出，事件经济影响的研究目前还处于初级阶段。事件所吸引的新增人员对服务需求的增加，会产生很多负面影响，如交通拥挤和事故、破坏公物、犯罪、环境恶化、垃圾增多、零售商品和住宿价格上涨、可进入性降低、本地居民生活状态的破坏等等。因此很多学者提倡要由经济影响分析转向成本收益分析（Burgan & Mules，2001；Whitson & Horne，2006）。但由于把这些负面影响转化为经济价值非常困难，所以研究人员经常忽略负面成本的影响。需要指出的是，经济影响分析是不准确的，估计出的数字应该视为是“最好的估计”，而非完全准确。事件经济影响研究目前还处于初级阶段，在概念界定、评估模型、调查方法方面还存在很多问题，因此，事件经济影响研究还需要研究人员的不断探索。

附件 2-1　事件经济影响评估框架

Tyrell & Johnston（2001）用一个三维表格来说明事件经济影响评估模型（见表 2-5）。第一、二维表示经济影响的来源和采购地点。类别（1）和类别（2）代表游客的花费，类别（3）和类别（4）代表本地居民的花费。类别（1）和类别（3）代表研究区域内的花费，类别（2）和类别（4）代表研究区域外的花费。这四个基本的分类可以包括所有经济实体的经济影响。第三个维度表示影响的原因。分类 a 和 b 代表由于事件地点和与事件相关活动的购买支出或贡献。例如，(1)(游客在区域内消费）代表那些如果事件不发生就会发生或者就不会在本地区产生的花费。其中（1a）代表如果事件不发生也会在本地发生的消费，(1b）代表事件不发生就不会在本地发生的消费。(2）表示可能会对本地区有益的支出，所购买的物品和服务是否在本地区获得。例如，区域外印刷和设备租用，可能会被当地服务所替代。然而，其他项目如区域外营销和广告服务，就无法在当地获得。假定这些支出最初就是在区域外而且一直是在区域外获得，那么这些支出就不应该计入事件对当地经济净影响中。(3a）代表当地居民在本地（和事件无关）的花费，这是衡量居民对当地社区活动支持度的指标，这与特定事件无关。如果一个游客来到该地区与事件完全无关，那么其所有花费都应该属于（3a）。划分（3a）和（3b）需要确定游客花费在多大程度上与事件相关。(4）代表当地居民的消费，但后来被带出区域外经济。(4a)(当地居民在参加事件时的区域外消费）被假定为代表与事件活动相关的对当地经济产生的负影响。在前面讲解如何“确定直接经济影响”时曾举过一个简单的例子可以说明这个问题，即假设一个当地居民每周日都在当地的餐馆吃早午餐，这个居民为当地企业提供了收入。然而，假设在某个周日有个活动在当地举办，这个居民选择了从活动供应商购买早午餐，假设这个活动供应商是区外的，那么早午餐的收入也就流出了区外。这项餐费是和地点有关的，无论活动是否举办，这项支出都是要发生的。然而，作为活动的直接影响，原本直接支付给当地企业的支出现在却支付给了位于区外的企业。相应地，(4a）代表由于事件影响区域内消费流失到区域外的部分，4b 代表和事件有关的并流到区外的当地居民消费。如果没有事件，这些当地居民消费就不会发生。例如，由于在当地举办该事件，当地居民会从事件供应商处购买纪念品。虽然 4b 确实代表由区内流出的消费，但它不代表区内企业的销售损失。4b 所代表的支出依靠于事件本身，如果没有事件，这些支出将不会发生（也不会为当地企业所获得）。因此，（4b）对于当地经济来说既不代表收益，也不代表损失。

表 2-5 事件经济影响评估计算表

消费/贡献的来源	采购地点	消费划分的依据		
		地点	活动	任何其中一个
区域外	区域内	（1a）	（1b）	（1）
	区域外	（2a）	（2b）	（2）
区域内	区域内	（3a）	（3b）	（3）
	区域外	（4a）	（4b）	（4）
总影响	区域内	（1a）+（3a）	（1b）+（3b）	（1）+（3）
	区域外	（2a）+（4a）	（2b）+（4b）	（2）+（4）
经济总影响		（1a）+（3a）+（2a）+（4a）	（1b）+（3b）+（2b）+（4b）	（1）+（3）+（2）+（4）
直接销售净影响（DSI）				（1b）+（3b）-（4a）
总增加值（VA）				DSI*附加值乘数
总销售影响（TSI）				DSI*销售乘数

1b 和 3b 之和表示所研究区域的积极直接经济影响，代表事件直接影响结果的正向消费（当地居民和游客）并由当地（在研究区域）个人或企业所获益。如果事件在区外举办，那么（3b）将会丢失（代表当地居民和事件相关的花费，如果当地没有举办该事件，居民将会到区外去参加该事件）。净直接销售影响等于正的直接经济减去（4a）。

如果影响分析没有区分影响的原因，所有 a 栏目的项目都包括在 b 项目里，假设没有其他误差，那么由于没有区分影响原因而导致的误差为（1a）+（3a）-（4b）。如果影响分析没有区分影响的目的地，那么所有标注为（2）的项目将包括在项目（1）里，所有标注为（4）的项目将包括在（3）里。假设没有其他的消费缩减，在净直接销售中纯理论的目的地误差将是（2b）+（4）。最后，如果影响分析没有区分影响的来源，所有标注为（3）的项目将包括在（1）里，所有标注为（4）的项目将包括在（2）里。在净直接销售中纯理论的来源误差将是（4a）。使用销售总额而不是净直接销售，误差将是（1a）+（2）+（3a）+（4）+（4a）。

附件 2-2 历届奥运会对举办地经济和旅游的影响[①]

一、历届奥运会（1984～2000）的综合经济影响

下面对近几届奥运会的综合经济影响进行分析，重点分析 1984 年以来由于奥运会带动的直接投资、间接投资和消费支出的注入，对举办城市及周边地区产生的直接经济影响、次级经济影响和总体经济影响，以及举办城市在总体经济规模上的增长变化，并最终概括出奥运会的总体经济影响。[②]

1. 1984 年悉尼奥运会的经济影响

根据美国洛杉矶经济研究中心（ERA）的研究结果，1984 年洛杉矶奥运会在美国加利福尼亚州带动的总支出为 12.419 亿美元（1984 年美元价格），给加利福尼亚州带来的增加值影响为 10.97 亿美元，即首轮经济影响，其中支出转移为 3.31 亿美元，则首轮净经济影响为 7.66 亿美元。首轮经济净影响又会带来第二轮、第三轮，乃至更多轮次的经济影响，从而构成了次级经济影响。根据该机构的测算，洛杉矶奥运会投资乘数为 3，即次级经济影响为 15.32 亿美元，奥运经济的总影响 22.98 亿美元。

2. 1988 年汉城奥运会的经济影响

根据韩国发展研究所的研究结果，从 1982 年至 1988 年，汉城奥运会带动的直接投资为 11 084 亿韩元（约合 15.336 亿美元，1995 年美元价格），其中奥运会运营支出为 7 222 亿韩元（9.992 亿美元），场馆设施建设投资 7 473 亿韩元（10.339 亿美元）。间接投资为 12 742 亿韩元（17.63 亿美元），总投资为 23 826 亿韩元（32.966 亿美元），以上构成了首轮经济影响。汉城奥运会的乘数效应为 2.993，因此汉城奥运会的派生性经济影响为 47 504 亿韩元（65.72 亿美元）[③]，总体经济影响为 71 330 亿韩元（98.686 亿美元）。

3. 1992 年巴塞罗那奥运会的经济影响

根据西班牙著名奥运会经济研究专家佛伦·布鲁奈特（Ferran Brunet）的研究，1986～1993 年，巴塞罗那奥运会带动的直接投资和间接投资为 11 195.1 亿比塞塔（98.8 亿美元），直接经济影响为 11 660 亿比塞塔（102.9 亿美元），次级经济影响为 19 420 亿比塞塔（177.4 亿美元），总体经济影响为 31 080 亿比塞塔（274.3 亿美元）。

---

① 附件 2-2 内容主要来自北京市地税局课题“2008 年北京奥运会的经济影响及对北京税收影响”。

② 需要指出的是，国外有关奥运会经济影响的数据资料均是反映奥运会对包括举办城市在内的州或省的区域范围经济增长的影响情况，其中汉城奥运会经济研究确定的地域范围是韩国全国。

③ 根据韩国经济计划委员会 1987 年《第六个五年社会经济发展计划》及韩国银行宏观经济部相关数据资料整理。

4. 1996 年亚特兰大奥运会的经济影响

1991～1997 年，亚特兰大奥运会的直接支出与间接支出为 23.07 亿美元，次级经济影响为 28.34 亿美元，总体经济影响为 51.42 亿美元。其中组委会的直接支出及其相关支出占总体经济影响的 51%(26 亿美元)，旅游者的支出及其相关支出占 49%(25 亿美元)。

5. 2000 年悉尼奥运会的经济影响

根据悉尼奥运会组委会与悉尼奥运会协调局(Olympic Co-ordination Authority)2002 年向联邦政府提交的《2000 年悉尼奥运会与残疾人奥运会：新南威尔士州政府对悉尼奥运会的财政资助报告》,1993 年 9 月至 2002 年 3 月，悉尼奥运会总支出为 64.82 亿澳元(45.65 亿美元)。此外，据新南威尔士州政府 2001 年发表的《悉尼奥运会的商业影响》的数据，悉尼奥运会的间接投资(包括悉尼机场扩建及环保投入)为 30 亿澳元。综合上述两个报告，悉尼奥运会的直接投资与间接投资达到 94.82 亿澳元(66.77 亿美元)，其投资规模仅次于巴塞罗那奥运会。上述两个报告是悉尼奥运会以后提交的，是经过系统的财务整理和分析后得出的结论，同时这两个报告又都是官方部门提交的，因此可以认为，这两个报告中的财务数据是准确的。这些投资构成了悉尼奥运会的直接经济影响，按照 2.70 的乘数①，悉尼奥运会的间接经济影响则达到了 161.19 亿澳元(113.51 亿美元)，总体经济影响达到 265 亿澳元(180.3 亿美元)。

6. 总结

表 2-6 历届奥运会(1984～2000)对举办地的总体经济影响(亿美元)

历届奥运会	直接经济影响	次级经济影响	投资乘数	总体经济影响
1984 年洛杉矶奥运会	7.66	15.32	3	22.98
1988 年汉城奥运会	32.966	65.72	2.993	98.686
1992 年巴塞罗那奥运会	102.9	177.4	2.724	274.3
1996 年亚特兰大奥运会	23.07	28.34	2.228	51.42
2000 年悉尼奥运会	66.77	113.51	2.7	180.3

① 研究者根据国内外奥运会经济影响乘数效应的底线做出的保守估计。

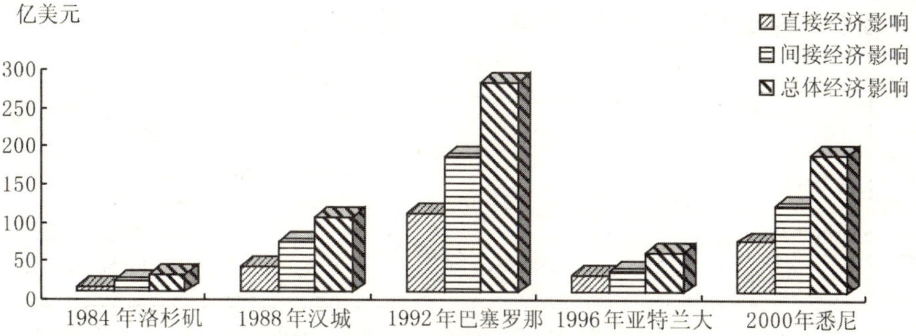

图 2-2　1984～2000 年历届奥运会经济影响的总体规模

以上数字所表示的历届奥运会对举办地的直接经济影响、次级经济影响、总体经济影响、乘数可用表 2-6 简单表示，也可用图 2-2 表示。

通过上述分析可以明显看出，现代奥运会的举办能够对举办城市及举办城市所在的地区（省或州）产生巨大的经济影响。而且不同国家举办奥运会对其所产生的经济影响大小是不同的，其中巴塞罗那奥运会和悉尼奥运会对举办地产生的经济影响最大，而洛杉矶奥运会和亚特兰大奥运会的影响则较小，这主要和各国举办奥运会的目标和举办国经济发达程度有关。

二、历届奥运会对旅游业的影响

奥运会的筹备和举办吸引了大量的旅游者，这些旅游者主要包括：国际奥委会、国际单项体育联合会、各国奥委会等国际体育组织的官员及其他人员，运动员和教练员、记者、赞助商等，即奥林匹克大家庭成员。这些人中，国际奥运会、国际单项体育联合会及各国奥委会的官员主要是与奥运会组委会进行联系，在奥运会的筹备和举办阶段来到举办城市，这些人会给举办城市带来不菲的收入[①]。运动员和教练员在奥运会前主要是参加奥运会测试赛和奥运会集训，奥运会期间则参加正式比赛，但同时也会积极广泛地参加旅游活动。各国新闻记者也是一支不可忽视的旅游大军，他们的数量和影响力甚至不亚于运动员。

国外游客以及举办城市地区以外的本国旅游者。这些旅游者的人数远远大于上述参加奥运会的奥林匹克大家庭成员。旅游者主要是观看奥运会（包括赛前的测试赛）、参加奥运会文化活动等。1984 年洛杉矶奥运会吸引的洛杉矶以外的游客为 608 760 人（其中观看比赛的游客为 304 380 人）这些人平均在洛杉矶逗留 6 天。运动员及官员为 11 100 人，国际组织官员 8 700 人，新闻界人员 5 000 人，其他奥运会大家庭成员 4 760 人。以上人员在洛杉矶的消费支出

① 1984 年洛杉矶奥运会仅组委会邀请的人员，就在洛杉矶度过了 2.9 万个访问日，消费支出约为 660 万美元。1996 年亚特兰大奥运会组委会邀请人员的消费支出达 1 590 万美元。

达 4.389 亿美元（1984 年美元价格）[①]（见图 2-3）。

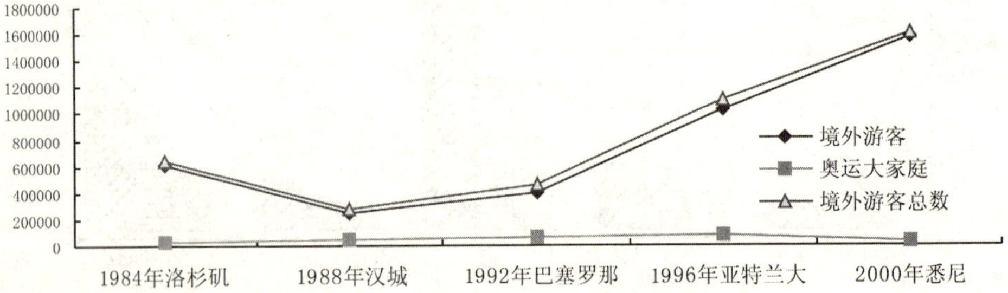

图 2-3 1984～2000 年历届奥运会境外游客数量

（其中洛杉矶奥运会和亚特兰大奥运会包括举办地区以外的本国游客）

资料来源：Economic Research Associates, Community Economic Impact of the 1984 Olympic Games in Los Angeles; Do Young Pyun, The Economic Impact of the Seoul Olympic Games; Ferran Brunet，An Economic Analysis of the Barcelona'92 Olympic Games: Resources, Financing, and Impact; Jeffrey M.Humphreys and Michael K. plummer. The Economic Impact of Hosting the 1996 Summer Olympics; John R. Madden, The Economics of the Sydney Olympics. Paper presented to the 23rd conference of ANZRSAI Newcastle, 19～22 September 1999.

汉城奥运会之前，1986 年境外旅游者增加了 16.4%，外汇收入增加了 97%；1987 年，旅游者人均支出达到 1 227 美元。1988 年汉城奥运会期间，吸引的境外游客为 24 万人左右，奥林匹克大家庭成员 39 332 人。以上人员在韩国的消费支出约为 3.42 亿美元（1988 年美元价格）。

1992 年巴塞罗那奥运会吸引的外国游客及西班牙加泰罗尼亚省以外的游客为 40 万人左右，奥运会大家庭成员 55 000 人。

1996 年亚特兰大奥运会吸引佐治亚州以外的游客约 101 万人，其中奥运会期间吸引的游客为 82 万人，奥运会前和奥运会后来佐治亚州参与奥运会有关活动的游客为 27 万人。上述游客在美国共计支出 13 亿美元，其中 11.46 亿美元的消费支出流向佐治亚州。在流向佐治亚州的消费支出中，8.23 亿美元是由在奥运会前 18 天至奥运会期间来到佐治亚州的游客支出的，此前和奥运会后来到佐治亚州的游客共支出了 3.23 亿美元。

据澳大利亚旅游预测委员会的预测结果，1997 年至 2004 年期间，由于 2000 年悉尼奥运会的影响，到澳大利亚的国外游客将额外增加 160 万人，为历届奥运会之最。国外游客将在澳大利亚支出 61 亿澳元（42.957 亿美元，1995 年美元价格），新增 15 万个工作岗位[②]。

---

① Economic Research Associates, Community Economic Impact of the 1984 Olympic Games in Los Angeles. Economic Research Associates, Community Economic Impact of the 1984 Olympic Games in Los Angeles

② The Olympic Effect: A Report on the Potential Tourism Impacts of the Sydney 2000 Games. Sydney: Tourism Forecasting Council, 1998. p 13

显然 1984 年以来，历届奥运会均大幅度地提高了境外旅游者的人数，旅游人数的增加则给举办城市带来了大量的消费支出，这些支出与投资一样，将拉动举办城市的总需求。在扣除股票变化、进口支出以外，旅游消费支出对奥运会的首轮经济影响均占据很大的贡献率（见图 2-4）。

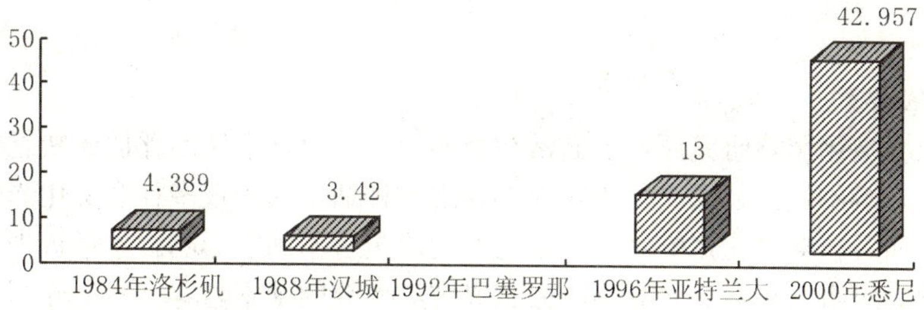

图 2-4　1984～2000 年奥运会境外游客的消费支出（单位：亿美元）

奥运会除能够带来吸引游客、增加旅游收入以外，还对举办城市的旅游业具有长期的潜在的补偿功能（payback effect）。

第三章 事件社会与文化影响

【内容摘要】

社会文化影响研究还处于非常初级的阶段，对其系统的评估还缺乏研究。与经济影响不同，社会文化影响很难客观的评估，因为很多社会文化影响无法量化，而且社会文化影响对社区中的不同成员有不同的影响。本章首先简单介绍了学者对事件社会文化影响的概念界定和研究的基本内容，然后介绍了社会文化影响研究的基本理论模型和研究框架，最后介绍社会文化影响评价指标体系。

第一节 事件社会文化影响研究的概念和内容

事件举办期间整个目的地（包括社区）都会涉入其中，事件将会对举办地产生社会文化影响。在事件期间交通拥挤、停车困难、商店人满为患以及当地设施过度拥挤都会对当地居民生活产生影响（Getz，1997；Delamere，Wankel，& Hinch，2001；Douglas et al.，2001）。事件组织者和研究者认为需要衡量事件的社会文化影响，因为举办地社区对事件的不满意会威胁事件的长期影响。社会文化影响研究非常重要，也非常困难。社会影响研究一直依赖于二手资料，包括现场记录和报纸报道（Hall，Selwood & McKewon 1989），或者通常是在某一特定时间点对居民态度的的快速扫描，不过 Ritchie 等人对卡尔加里冬奥会的系列研究是个例外。

严重的社会问题，包括犯罪和肆意破坏公物，使当地居民感觉易受伤，提高了当地居民对游客的敌对水平，而视游客为负面影响的标志（Delamere et al.，2001；Douglas et al.，2001）。这些相对于日常生活的改变可能会对传统的道德观和价值观提出挑战，使社会识别身份缺失（Douglas et al.，2001）。文化负面影响主要是指，为了满足增加的游客需要，可能允许当地文化过于商业化，而导致事件破坏了当地文化遗产（Getz 1997；Douglas et al.，2001）。

一、社会、文化影响的概念

研究者们对事件社会影响的定义还没有达成一致意见。Olsen & Merwin（1977：41）认为社会影响是“与环境、技术或社会创新（或变化）相连的模式化的社会秩序结构和功能的变化”。Mathieson & Wall（1982：137）认为社会影响是“旅游目的地居民生活质量的改变”。前者是对社会影响的描述，也说明了环境、技术和社会影响发生的原因。后者表示了社会影响和旅游之间的关系，但没有解释“为什么社会影响会发生”。Teo（1994：126）对旅游的社会文化影响的定义是“旅游促进价值体系、道德和他们的行为、个人行为、家庭关系、集体生活、创造性表现、传统节庆和社区组织等方面变化的方式。Hall（1992：67）说明了这个差别，并认为社会影响是“在集体和个人价值系统、行为模式、社区结构、生活方式和质量方面的旅游和旅行影响的变化”。和事件相关的社会影响的定义在文献中并没有涉及。事实上，有些研究者倾向于从旅游研究领域借用定义，这不足为奇，因为事件通常被视为旅游吸引物（Weiler & Hall，1992；Roche，1994；Waitt，2003；Twynam & Johnston，2004）。另一个问题是社会影响衡量问题，Teo（1994），Sharpley（1999），Brunt & Courtney（1999）都讨论了社会影响被理解为短期结果，这种短期结果在生活质量方面即刻的和明显的变化以及他们针对旅游产业的调整方面是明显的。对比之下，文化影响（包括展示效果）对举办社区的社会关系、规范和标准的变化是长期变化。这意味着文化影响不会马上显现，而可能在当地居民日后的生活中得以体验。

二、社会文化影响研究的内容

关于事件社会文化影响研究最早可以追溯到 Greenwood（1972）从人类学角度对事件做的研究，Ritchie（1984）也提供了一个事件影响的全面评价（包括社会影响）。Carpenter（1992）认为在社会影响研究中缺乏时间维度。2000年以来，研究者开始对事件社会文化影响进行系统的且有理论基础的全面研究，包括：Delamere（2001）以及 Delamere，Wankel & Hinch（2001）对居民社会影响态度刻度的研究，Fredline & Faulkner（2002a，2002b）和 Xiao & Smith（2004）研究了居民对事件影响的感知，Fredline，Jago & Deery（2003），Fredline（2006）& Small（2007）发展了社会影响刻度，Small，Edwards & Sheridan（2005）检验了社会影响感知刻度，Arcodia & Whitford（2006）研究了出席节庆活动和社会资本创造之间的关系。

另外，很多研究者还研究了很多具体的社会影响问题，如 Eder，Staggenborg & Sudderth（1995）研究了国家妇女音乐节是如何培养女性同性恋的，但并没有在妇女中间实现种族多元化的目标。Snowballl & Willis（2006）认为在南非可以通过国家艺术节来创造文化资本。理解事件的社会文化影响可以从正面影响和负面影响两个方面来看。

（一）正面影响

1. 促进社区发展

战略性举办各种事件能够给社区带来长期收益，并能有助于当局目标的实现（Bennett & Koudelova，2001；Hughes，1999；Nykiel & Jascolt，1998；Van Gessel，2000）。累计的社会收益可能包括增加的城市自豪感和高水平的社区参与（Wood，2002）。地区发展不仅包括诸如就业增长这样的经济变化，还包括健康、教育、福利、公平和其他社区生活的社会和文化维度。社区参与的重要性以及对事件的支持已经被广泛视为事件成功的重要因素（Jago et al.，2003；Lade & Jackson，2004），也有关于事件促进社区凝聚力和特征形成的研究（Derrett，2003；Molloy，2002）。

区域性社区发展领域有三个主要的、相互关联的变量：社会资本、社区能力和社区福利。Evans，Joas，Sundback，& Theobald（2005）讨论了社会资本的定义，认为网络和关系有利于集体行动、信任、社会凝聚力、分享规则和合作行为。这些类型的社会关系水平高的地区性社区拥有高水平的社会资本（Molloy，2002）。社会资本的核心是社会关系网络。社会关系网络是从个体之间相互积极作用的角度建立的。Molloy（2002）证明了志愿者参与事件节庆活动是一种学习形式。节庆学习的构成不仅限于志愿者，事件组织者、表演者、运动员和其他参与者也在节庆事件中获得了学习的机会。学习新技术并提高现有技能的机会可以视为是建造社区能力的一部分。社区能力指的是技能、知识和机制，能够支持创新、改变并解决问题（Evans et al.，2005）。社区能力通常被认为一部分依赖于社会资本（Evans et al.，2005），而社会资本和社区能力反过来又促进社区建设。Derrett（2003）认为节庆事件在很多方面都对社区建设有益，包括创造和提高地方特征、创造社会关系和网络机会。

图 3-1 是事件促进地区发展的概念框架。框架中最重要的因素是社区参与，事件可以吸引大量的游客并产生收入，但如果没有社区参与，事件不可能对地区发展有益。正是社区的参与才增加了社会资本和社区能力，也是促进地区发展的两个核心因素。

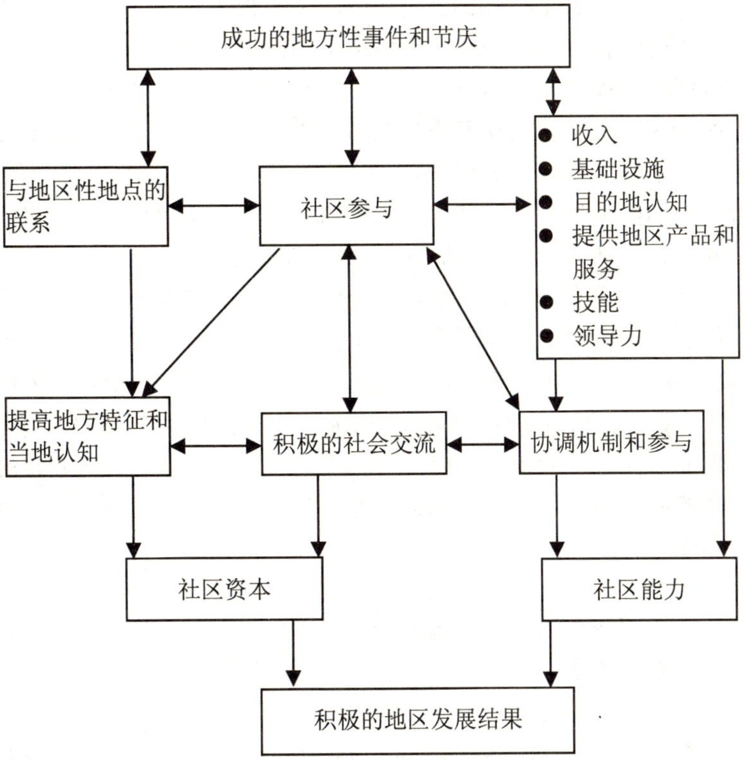

图 3-1　事件促进地区发展的概念框架

很少有文献涉及事件在社区发展中的作用。一些案例研究（Rao，2001）突出了节庆事件在增强家庭纽带方面所起的作用（Derrett，2003；Ekman，1999）。一些案例研究包括对事件用于庆祝成就和支持社区自豪感的讨论，在这个主题方面有两种方法，一种方法是事件只是为庆祝各种社区成就而设计的，另一种方法集中在居民自豪感和事件参与者，即从一个积极的角度看事件对社区或地区的发展（Van Zyl & Botha，2004）。还有其他两个与社会资本相关，但是一种较为间接的作用，一个是事件在提高地方特征方面的作用（Derrett，2003；Ekman，1999），另一个是事件在分享当地身份的重要性（Ekman，1999），这两个主题是相关的。

节庆和其他旅游吸引物有助于城区重建项目为营销战略。不同类型节庆，尤其是宗教种族类节庆，能通过各种方式影响社区和各种利益相关者（Spiroloulos，Gargalianos，&Sotiriadou，2006；Saleh & Wood，1998）。例如，节庆有利于社会特征的形成，是重新形成并使其获得生气的空间和社会生活的方式（Picard & Robinson，2006）。文化节庆也被视为是与其地区相联系的一种实践，并赋予地区特殊的含义且对形成地区识别力有重要帮助（Quinn，2003；Derrett，2003，2004；De Bres & Davis，2001）。由于文化节庆对社区经济和社会产生的积极影响，文化活动已成长为城市生活的中心元素（Quinn，2005）。文化节庆有助于地区营销，城市社区选择节庆等作为营销战略，从而将城区塑造成为独特的地区，他们经常使用节庆作为城市复兴项目的一部分（Harcup，2000；Hughes，1999；Pugh & Wood，2004；Yeoh，2005）。

成功的地区性事件和节庆能够提高社区受益于旅游发展的其他方面能力，如增加社区对旅游者的认知及期望以及基础设施建设。节庆事件和地区发展之间的这些联系突出了节庆事件在增强地区性社区能力和社会资本方面所起的重要作用。如果事件能够鼓励社区居民以积极的方式相互接触，并发展有效关系，那么事件也能够促进社会资本形成。当这样的事件与地区性背景和传统文化相联系时，便能够间接地通过发展和强化地区意识和地区社会特征，而有助于社会资本的形成。

2. 共同分享事件

事件对社会文化的影响首先就是可以共同分享事件。Roche（2000）描述了事件是如何将一般地点变成人们共同分享且令人兴奋的事件场地。2002 年举办的世界杯，韩国中央政府和举办城市增加了大量的公共观看点，在 1 868 个地方新设了 2 021 块显示屏（Soon-Hee，2004）。这种集体主义也通过相关活动，如与事件相关的文化活动和娱乐活动而得到提升（Pugh & Wood，2004）。

3. 城区重建

除“共同分享”的相对短期影响之外，通过城区重建则可以长期提升居民生活。Hall（2004）认为城区重建的概念包括物理维度的重建，如建筑和形象创造；也包括社会层面，如居民生活质量的提高。Kelly（1989）指出城区恢复活力和重建将对举办地产生长期影响。Hall（2004）详细阐明了这种长期影响，他认为由于城区和周边地区物理的改变和转化而促使交通条件改善、空气污染程度降低等等。Mintel（2004）报道称 2004 年奥运会期间，雅典的地铁交通系统增加了 17 公里、23 个车站，从而减少了大约 70000 辆汽车每天往返于奥运会设施之间，减少了道路拥挤和空气质量恶化。

4. 增强社区能力

地区性事件和节庆与社区能力之间最直接的联系是促进社区的技能发展（Dunn，2004；Merritt，2004），或者是社区居民参与事件，尤其是参与体育事件（Lade & Jackson，2004）。事件为社区居民学习新技能，并提升现存技能提供了机会。

（二）负面影响

事件的负面影响得到了更多的关注。体育事件可能成为预谋犯罪和机会犯罪的场地，如偷窃、醉酒、妨碍治安行为和肆意破坏公物等（Barker，2004；Hall，1992；Getz，1997）。Hall & Selwood（1989）确定了1987年举办美洲杯和犯罪增长之间的关系，Hall（1997）指出抢劫、强奸和一般的暴力事件在1987年美洲杯期间都有所增长。Barker et al.（2002）认为，犯罪是一种空间现象，一般不会在事件场馆里发生，而是转移到安全相对薄弱的地方，比如2000年美洲杯在奥克兰举办时，犯罪更倾向于发生在场馆之外，如饭店、酒吧、夜店等地方。

1. 卖淫与事件的关系

有关卖淫和事件之间的关系的研究很少得到关注。Hall & Selwood（1989）确定在1987年美洲杯举办之前和期间，亚洲和澳大利亚的其他地方卖淫数量大量增长，这是因为事件旅游者对性服务产业有较高需求。在2004年奥运会前夕，很多媒体（如BBC）报道了北欧国家抗议者抗议雅典市长增加妓院数量的计划，该计划为了避免在2004年奥运会期间妓院有非法活动或者街道卖淫，而这种现象在2000年悉尼奥运会期间曾经发生过（Gehrman，2004）。

2. “粉丝”不良行为

还有一个潜在的影响是“粉丝”行为，不管其是非法的还是不受欢迎的。事件游客不良行为的概念有很多术语，如“不守规矩行为”（Getz，2005，p107）和“反社会行为”（Wann et al.，2001，p146）到“街头恶棍”（hooliganism）（Barker，2004）。“粉丝”不良行为缺乏一致的定义，但可以用“粉丝”所展现的行为形式的多样性来解释。在这方面，Barker（2004）认为“粉丝”暴力和破坏行为是最普通的形式，如大规模骚乱。英国和意大利“粉丝”在1985年布鲁塞尔黑塞尔（Heysel）体育馆欧洲杯决赛中的骚乱，导致32个“粉丝”死亡（Journes，1999）。1996年英国举办欧洲足球锦标赛期间，也发生了一系列暴力事件，在其他欧洲国家，英国“粉丝”和当地支持者之间也发生了冲突。还有一个经常被列举的例子，在2000年比利时沙勒罗伊城（Charleroi）举办的欧洲足球锦标赛期间，在英国和德国对决赛之前，英国“粉丝”的骚乱导致了965名英国支持者被捕，其中474名被驱逐回英国。

现有文献对2002年在韩国和日本举办的世界杯中的恶棍骚乱行为有不同的涉及。Soon-Hee（2004）和Choi（2004）描述了韩国支持者疯狂但和平的行为，Soon-Hee（2004）详细说明了在首尔大约700万街头支持者满腔热情地通过大公共显示屏关注足球比赛，而在比赛之后，整个街道又恢复到正常状态。虽然在韩国和日本两个国家的粉丝都表现出了同样的疯狂和满腔热情的行为，但她指出在韩国媒体中没有出现“韩国粉丝如同恶棍”的负面报道，而在日本媒体中却有日本足球支持者如同恶棍的负面宣传，这可能是文化或民族差异的结果。Wann et al.（2001）认为“粉丝”兴致勃勃和满腔热情的姿势，包括饮酒过度、唱歌、喊叫，在一种文化下可能被视为正常情况，是可容忍的，而在另一种情况下则被视为攻击性的、反社会的和侵略性的行为。

不同国家的“粉丝”同时出现也可能会导致民族主义和不同团体之间的紧张。在很多国际的和地区的足球锦标赛中都有一种现象，即针对对手球员和球迷的攻击性的、恐惧的和反犹太的行为。例如，Pugmire（2006）讨论了在巴黎郊区比赛前期、中期和赛后，白人恶棍帮和以黑人和阿拉伯人为成员的多民族帮派之间的冲突有所增加。同样，Lowles（2001）讨论了英国恶棍在到国外旅游观看比赛时，倾向于展现侵略性的民族主义，如2000年几个英国流氓在去波兰观看比赛的路上刺伤了3个在柏林的黑人居民，还在2000年欧洲锦标赛足球场地唱侮辱土耳其人和爱尔兰人的歌曲。

3. 居民移置

对当地居民的替代。虽然大型事件可以改善当地居民的生活质量，但其对举办地社区也有负面影响。Wilkinson（1994）指出在筹备大型事件时，大规模地发展基础设施很可能会使房地产快速增长，从而导致对不富足居民的替代。很多过去的事件都证实了这一点。在对1986年温哥华（Vancouver）世博会的研究中，Olds（1998）描述了该地区的重建导致了本来居住在世博会场地附近的地位低下的居民被迫通过租房而短期或长期改变居住地点。同样，对于1992年奥林匹克运动会，Wilkinson（1994）报道在1986年至1992年期间，巴塞罗那房屋市场价格增长了240%。出于同样的原因，在1993年悉尼宣布获得2000年奥运会举办权之后，悉尼的房屋价格和租金也大幅度地上涨，发生了“中产阶级化”的过程，如城中心吸引了更多的白领，而低收入者则需改变居住地点（Hall，2001）。Hall（1992，p70）阐述了韩国政府为了筹备1988年奥运会，并期望获得媒体的曝光度而把在首尔驱逐租户作为改造和美化首尔地区的结果。Greene（2005）通过更深入的研究来证实韩国首都居民移置，他发现沿未来奥林匹克火炬路线大约48 000单层房屋被移除，导致大约72 000居民被驱逐，其中90%没有收到补贴或房屋移置的帮助。

Mules & Dwyer（2005）进一步研究了居民移置问题，由于预期在事件举办期间公共和私人设施会拥挤，举办地居民在事件期间不倾向使用当地各种设施，如路上公共汽车和地铁、饭店和商店。当地居民也会避免这些地方，决定在事件举办整个期间或部分时间完全离开该地区。Shaw & Williams（2002，p269）讨论了该问题，提出了“出售城区”的收益问题，把事件举办地提升为旅游吸引物，认为城市一方面是旅游产品，另一方面用于居住。

（三）总结

然而，以上这些影响在某些事件中是明显的，而在另一些事件中则不明显。截止到今天，经验研究是有限的，不同的事件中某些影响更明显或更不明显，很难确定一个模式。因此，需要对在不同地点不同事件的影响做具体研究。

三、影响事件社会影响的因素

Barker（2004）认为事件的性质、规模、地点、持续时间不同，社会影响也不同。Fredline et al.（2005）坚持认为事件的社会影响受举办地独特的历史、文化、经济和环境背景的影响。这些论断都有经验上的支持。Sheldon & Var（1984）和 Brunt & Courtney（1999）研究了居民对所选择目的地的旅游发展态度，并认为长期居住的居民比短期居住的居民对这样的发展更敏感。Lankford（1994），McCool & Martin（1994）以及 McGehee & &Andereck（2004）确定了将居住时间长度、举办地是否是出生地，或者是否是居民长大的地方作为影响居民感知的因素。对于分享设施方面，Jurowksi（1998）以及 Lankford & Howard（1994）认为那些与游客使用同样娱乐设施的居民对当地基础设施发展持积极态度。另外，对其他居民的感知调查也确定了一些因素，如居民与游客之间的联系（Akis et al.，1996）、旅游的类型和形式（Gursoy et al.，2002）和社会人口特征，如职业（Haralambopoulos & Pizam，1996）。Barker（2004）的体验事件犯罪的象征意义表明了事件规模扩大，犯罪影响也加大。Schneider et al.（1996）认为犯罪影响在犯罪率高的地方更容易发生。

第二节　社会影响研究模型和评估框架

一、社会交换理论

社会交换理论（Social Exchange Theory）是主张从经济学的投入与产出关系的视角研究社会行为的理论。它认为趋利避害是人类行为的基本原则，人们在互动中倾向于扩大收益、缩小成本，或倾向于扩大满意度、减少不满意度。它主张应尽量避免人们在利益冲突中的竞争，应通过相互的社会交换获得双赢或多赢。它是美国当代社会理论的主要流派之一，产生于 20 世纪 50 年代末期，70 年代趋于衰退。社会交换理论的基本研究范畴和概念包括价值、最优原则、投资、奖励、代价、公平和正义等。主要代表人物有美国社会学家 G. C. 霍曼斯、P.M.布劳和R.埃莫森。

霍曼斯的社会交换理论包括以下六个命题。（1）成功命题：在一个人所做过的所有行动中，若其中某一特定行为经常得到酬劳，那么这个人就越愿意重复该行动。（2）刺激命题：如果一个人在过去对某一种或一组刺激做出的某一行动获得了报酬，那么，当类似于过去的那种刺激再发生时，这个人就有可能做出与过去相同或类似的行动。（3）价值命题：如果某种行动带来的结果对一个人越有价值，则这个人就越有可能做出该种行动。（4）剥夺——满足命题：某人在近期越是经常得到某一特定酬劳，则随后而来的同样酬劳对他的价值也就越低。（5）侵犯——赞同命题：这一命题包括两个副命题。第一，若一个人的行动没有得到预期酬劳或甚至受到了没有预期的惩罚时，此人可能会被激怒并可能采取侵犯行为。第二，若一个人的行动获得了预期的酬劳或得到的酬劳比预期的还多，或此人的行动没有得到预期的惩罚，则这个人会产生喜悦的心情，并可能做出别人赞同的行动。（6）理性命题：在面对各种行动方案时，行动者总是选择价值最大和获得成功的概率最高的行动。

布劳在很多方面修正和发展了霍曼斯的交换理论。首先，布劳指出，虽然大部分人类行为是出于交换的考虑，但并不是所有的人类行为都是交换行为。他指出使行为变为交换必须具备两个条件：一是某行为的最终目标只有通过与他人互动才能达到；二是该行为必须采取有助于实现这些目标的手段。布劳还进一步将行为者期望的酬赏分为“外部酬赏”（如金钱、商品和服务）和“内在酬赏”（如爱、尊敬、荣誉和职务等）。布劳认为霍曼斯的理论只适合于解释小群体内成员面对面的互动，而面对面的小群体内的交换与大型和复杂社会群体内的交换是不同的。于是，布劳在霍斯曼理论的基础上分析了大型复杂组织中的交换与权力。在大型复杂组织中普遍存在着权力分层。权力既可以是合法的（权威），也可以是强制性的。在这种权力分层体系中，只有当这种关系无论是对下层成员还是对上层成员都有好处时才是交换关系。但实际上，这种对等关系可以被强制性的权力所取代，地位较低的成员只能取得较少的报酬。强制性的权力关系是一种不平等的交换关系，这种关系是用消极的惩罚手段来维持的。这种复杂群体内的分层体系一旦建立，它就是用权力关系，而不是用社会交换来维持。

社会交换理论通过交换概念发现社会资源分布的不平等和由此产生的权力地位的分化，并从各个权力层次之间的对立和冲突中找到社会系统发展、变迁的动力。它更贴近研究社会现实，更加强了社会性与社会运行之间的相互联系。

二、社会交换理论在事件社会影响中的运用

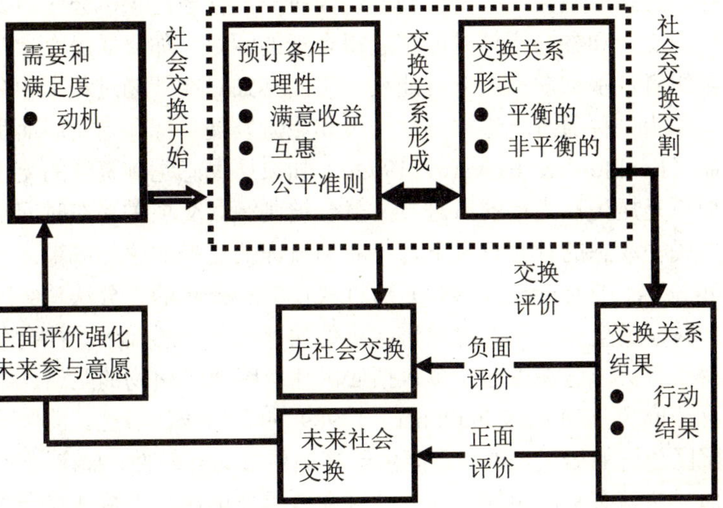

图 3-2　社会交换程序模型（来源于 Ap（1992:670））

图 3-2 是社会交换程序模型。社会交换理论认为居民对旅游、事件的评价是正向的或是负向的取决于他们从所提供的服务中所获得的是期望收益或是成本。双方在交换关系中都有高水平的社会影响力，就会产生正向的感知。根据社会交换理论，力量来源于拥有、控制或影响另一方需要并认为有价值的资源（Wrong，1979）。相反，负面感知则与参与者的低水平社会影响力有关，因为他们在交换中获益很少。另外，社会交换理论认为居民对事件的评价依赖于居民和事件组织者之间的关系形式。正向的或负向的评价用“存在或缺乏先行条件”（antecedent conditions）：理性、满意收益、互惠性和公平准则（Searle 1991）。“理性”是参与者建立在“报酬搜寻”基础上的行为。在旅游的背景下，在社会和经济福利的维持或提高方面有收益感知的居民，总体来说可能正向评估事件（Ap，1992）。“满意收益”认为居民也许很了解负面影响，但尽管如此，居民依然接受旅游，是因为他们所感知的正向影响超出了成本。居民被假定为通过社会交换关系寻找获得一个满意的、合理的、或可接受的收益水平，而不是最大化收益。然而，旅游容忍度的门槛被假设随着时间和空间而变化，而且一旦超越了这个门槛，就会释放出负面效应。如果期望收益达到可接受的预设满意水平，居民将会只发展正面态度。“互惠性”认为如果在居民和产业之间交换的资源大体相等，那么所有成员都会有正向影响感知。在大型事件背景下，感

知收益应该与居民的意愿相等，如承担基础设施建设成本、扩展友谊、对游客谦恭有礼并热情好客、忍受不便（如排队等候服务、分享当地设施、过度拥挤、交通阻塞、线路崩溃）。“公平原则”认为每一次交换应该以公平原则为基础，保证居民在支持和参与事件时能够获得合理的回报。如果居民有参与意愿并信任事件组织者，那么居民更有可能获得正面感知。在计划过程中的公众参与通常被提倡作为一种通过促进举办地居民和旅游发展目标和谐发展而贯彻社会公平的机制（Lankford & Howard，1994）。如果居民感觉到资源的交换价值偏向事件，而不是居民，当地的激进主义就会被刺激。交换关系在时间上并不是静止的，居民在动态的社会背景下，不断的再评估交换的感知成果。

Faulkner & Tideswell（1997）通过内在的和外在的二分法总结区分个人和集体交换关系的变量。个人对旅游或事件的评估与所感知到的社会公平和其他内在的变量有关，这些内在变量包括居民住所距离吸引物的距离、事件“利他剩余”再评价（Fredline & Faulkner，1998）和人口统计特征。简单地说，距离旅游集聚区越近的居民，越有可能由于接触更多的外部性，如交通噪音、堵塞、垃圾等而对旅游有负面感知。利他性剩余效果表现在，当总结社会收益时，把团体收益放在其个人收益之前。人口特征影响也可能取决于居民人口和事件目标市场（在身份、年龄、社会经济特征负面）的相似度。外部维度包括旅游发展阶段、旅游活动的季节模式、旅游者与居民比例以及举办地的居民和客人的文化差异。这些观点在 Butler（1980）的目的地生命周期模型和 Doxey（1975）的模型中有所体现。然而，相互抵触的经验证据削弱了这些特定的外部变量的价值（Fredline & Faulkner，1998）。

二、社会影响评估框架

在事件案例中，事件组织者可以通过社会影响评估，在一批可替代的事件方案中选择最适合的事件。然而，小社区没有时间也没有资源对大量的不同事件做可行性研究。更一般的情况，适合社区的事件选择更多的是由社区内部的个人或团体提出，并假定这个事件内生于社区，包括他们希望展示的具体价值观。这样，就没有必要在一系列事件中进行评估选择，而仅仅是对于一个特定事件，由社区决定是否举办。在小社区中，社会影响评估属于资源密集型、耗费时间的工作，不适合在小社区中进行评估。他们真正需要的是灵活的且具有逻辑性的框架，可以包含用实用工具来评估事件社会文化影响，进而可以获得有价值的反馈信息，为未来的事件组织提供帮助。

相对于经济和环境影响管理，社会文化影响的难以量化阻碍了可用衡量框架的发展。图 3-3 是根据 Finsterbusch et al.（1983），Wildman & Baker（1985），

Thomas（1998），Burdge（1999），Barrow（2000）& Thomas（2001）对事件社会文化影响评估所做的研究综合而来。该模型包括六个步骤：描述、概况、识别、规划、评估和反馈。步骤 1 到步骤 3 建立一个事件全景图，步骤 4 和 5 则具体衡量事件影响。

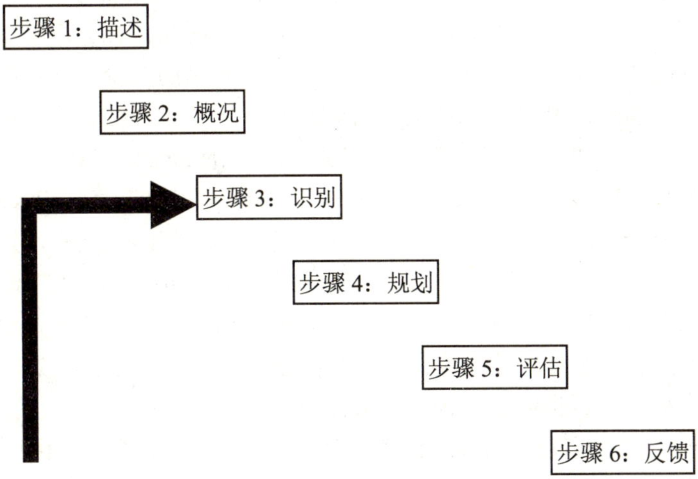

图 3-3　事件社会文化影响评估框架

具体步骤如下：

1. 描述。描述节庆或事件的特征，包括：类型、所提供的活动、地点、事件、布局、地理布置、组织和资金结构的细节。

2. 概况。描述目的地概况，包括目的地本身情况，和当地最可能受事件影响的居民不同组别的特征。

3. 识别。识别事件可能会造成的潜在社会文化影响的范围，可以采用任何方法或方法的组合，如头脑风暴、产业和社区代表访谈、已有影响文献研究等等。

4. 规划。规划发生在事件之前，代表社区成员对事件的预先感知。

5. 评估。事件开始后就要对社会文化影响进行评估。主要目的是确定在举办社区中的总体影响或者是接受度。评估需要收集数据、分析数据，进而确定事件所带来的正面或负面的社会文化影响。

6. 反馈。与事件组织者和利益相关者交流研究成果。这是发展未来战略的机会，并可使积极影响资本化，消极影响最小化。

第三节 社会文化影响评价指标

与经济影响不同，社会影响很难客观地评估，因为很多社会影响无法量化，而且社会影响对社区中的不同成员有不同的影响。因此，社会影响研究通常通过对社区居民进行感知调查来完成。然而，社会影响的系统评估还缺乏研究。

为了衡量事件的社会文化影响，我们需要开发“事件社会影响感知刻度”（见表 3-1）。研究集中在经验刻度的创新发展（Delamere，2001；Delamere，Wankel，& Hinch，2001；Fredline，Jago，& Deery，2003；Small & Edwards，2003）。Delamere et al.（2001）在已有的旅游影响研究的基础上，发展了专门研究事件社会影响的刻度指标，即“节庆社会影响态度刻度”（Festival Social Impact Attitude Scale，FSIAS），用以衡量和解释居民对社区节庆社会影响的感知，并详细列出了事件的社会收益项目和社会成本项目（见表 3-2），还有很多其他学者也列出了积极的和消极的社会影响（见表 3-3）。

名义组别技术（Nominal Group Technique，NGT）程序最初用于构建刻度，可以构建事件潜在社会影响列表。该列表包括两个因子：社会收益和社会成本，共 47 个项目。社会收益包括的子因素有社区收益、文化/教育收益；社会成本的子因素有生活质量关注（焦虑）、社区资源关注（焦虑）。Delamere（2001）修正了 FSIAS，将社会收益的子因素调整为社区收益和个人收益。社区收益与社区形象、身份、福利等因素有关。个人收益因素与体验新事物并发展新技能和人才的机会有关。社会成本没有任何子因子。社会成本的广义术语用于解释与过度拥挤、交通、垃圾、噪音、分裂和对当地居民生活的侵扰等相关的一系列变量。Fredline et al.（2003）以 Fredline（2000）研究为基础发展了评估中型和大型事件的社会影响的工具，使用案例研究法研究了在澳大利亚维多利亚州举办的 3 个中到大型的事件。这个刻度包括 45 个项目，从 3 个方面衡量社会影响：1）事件总体影响；2）事件具体影响；3）独立变量（包括与旅游者联系、参与度、主题确认等等）。该研究使用主成分因子分析法经旋转将 45 个项目归结为 6 个因子：社会和经济发展收益、对公正和不便利的关注、对公共设施的影响、对行为和环境的影响、对社区的长期影响、对一些商品和服务价格的影响。该研究采用三部分刻度来衡量具体影响：第一，询问被调查者“评定他们是否因为事件的举办而相信所涉及的项目发生了改变，并判定改变的方向”。如果他们感觉到了变化，则会询问他们“事件在多大程度上影响了他们的个人生活和整个社区”。刻度衡量采用李克特量表，从-3（非常负面的影响）到 3（非常正面的影响）。此刻度提供了社会文化影响衡量的有价值的工具。Small & Edwards（2003）发展了社会影响感知刻度（Social Impact Perception，SIP）衡量居民对小型社区节庆事件的社会影响的感知，Small，Edwards，& Sheridan（2005）详细列出了 SIP 评估刻度的具体项目（见表 3-4）。Green et al.（1990）最初采用了这个刻度（SIP）来衡量旅游环境影响，他们设计了一个综合问卷，包括可能作为旅游环境影响的项目。第一，被调查者要判断事件是否有影响。第二，需要判断影响是正向的还是负向的。第三，判断影响的水平。

SIP 刻度和 FSIAS 以及 Fredline et al.（2003）研究所采用刻度之间的区别为：FSIAS 只做事前评估，Fredline et al.（2003）只做事后评估，而 SIP 可以做事前和事后评估。SIP 刻度可以给事件组织者提供大量信息，可以用经验数据代替期望和错误的结论，对事件未来策划是有用的。

Jeong（1998）也表明可以通过服务执行的视角来评估，并通过提取服务性项目来开发评估尺度。Wicks & Fesenmaier（1993）使用布置的吸引力、友好的参展商、各种艺术和手工制品、有帮助的参展商、手工制品的质量、活动组织、艺术品的质量、良好的食物、良好的招待、有用的信息、物有所值的艺术品、物有所值的食物、物有所值的手工制品、合理的拥挤度、卫生间的质量、停车的难易程度等项目来评估社区节庆。Jeong（1998）使用项目、设施的便利度、节庆引导和公共设施、展览和景观的多样性、食物价格的适合度、停车的难易度作为评价项目。McDonnell，Allen & O'Toole（1999）建议节庆评估项目中应包括参与者的满意度，可通过衡量满意度来评估节庆的质量。开发新的节庆被视为延长目的地生命周期的战略（Getz & Frisby，1988）。

表 3-1 事件社会影响感知刻度

影响描述	影响			影响水平										
交通拥挤	是	否	不知道	-5	-4	-3	-2	-1	0	1	2	3	4	5

注：“不知道”选项很重要，因为有些人不知道是否有影响发生。

表 3-2 社会收益项目和社会成本项目一览表

社会收益项目	社会成本项目
● 分享思想（Togetherness/sharing of ideas）（Delamere，1993） ● 建立社区自豪感（Establishing community pride）（Delamere，1993；Tourism Canada，n.d.；Weaver & Robinson，1989） ● 旅游（Tourism）（Delamere，1993；Tourism Canada，n.d.）	● 志愿者过度疲劳（Volunteer burnout）（Delamere，1993） ● 对居民的打扰（Intrusion to citizens）（Delamere，1993） ● 社区之间的竞争（Create competition between communities）（Delamere，1993） ● 过度拥挤（Overcrowding）（Delamere，1993）

续表

社会收益项目	社会成本项目
● 家庭活动（Family activities）（Delamere，1993） ● 社会合作（Social interaction）（Delamere，1993） ● 建立新的组织（Building new organizations）（Delamere，1993） ● 社区所有权（Community ownership）（Delamere，1993） ● 向不同文化展示（Exposure to different cultures）（Delamere，1993；Getz & Frisby，1990；Tourism Canada，n.d.） ● 社区认可（Recognition of community）（Delamere，1993） ● 共同目标（Common goals）（Delamere，1993） ● 社会团体间的合作（Intergroup cooperation）（Delamere，1993） ● 社区同一性（Community identity）（Delamere，1993；Longson，1989） ● 自夸权利/庆祝（Bragging rights/celebration）（Delamere，1993） ● 领导者&志愿者（Building leaders & voluntarism）（Delamere，1993；Getz & Frisby，1990） ● 表1室场地（Venues for performers）（Delamere，1993） ● 为当地居民的活动（Activities for local residents）（Delamere，1993） ● 设施/文化遗产（Facilities/cultural legacies）（Delamere，1993；Weaver & Robinson，1989） ● 社区福利（Community wellness）（Delamere，1993） ● 生活质量（Quality of life）（Butler，1975；Getz & Frisby，1990） ● 娱乐选择的增加（Added entertainment options）（Lundberg，1990；Weaver & Robinson，1989） ● 更多的教育机会（Greater educational opportunities）（Lundberg，1990；Weaver & Robinson，1989） ● 向他人展示为什么社区是特有的和特殊的（Show others why community is unique & special）（Weaver & Robinson，1989） ● 改善社区形象（Improve community image）（Getz & Frisby，1990；Weaver & Robinson，1989）	● 过度征税（Overtaxing the system）（Delamere，1993） ● 设施的过度使用（Physical disturbance/Overuse of facilities）（Delamere，1993） ● 社区所有权丧失（Loss of community ownership）（Delamere，1993） ● 对社区居民的替代（Displacement of community residents）（Butler，1975；Delamere，1993；Getz，1991；New Zeal & Tourist & Publicity Department，1988） ● 社区消耗（Drain on community）（Delamere，1993） ● 社区内竞争（Competition within the community）（Delamere，1993） ● 失败综合症（Failure syndrome）（Delamere，1993） ● 赞助机制的过度使用（Overuse of sponsorship mechanisms）（Delamere，1993） ● 正常的秩序的破坏（Disruption of normal routines）（Butler，1975；Delamere，1993） ● 社区内的分歧（Disagreement within community）（Delamere，1993） ● 文化差异（Cultural differences）（Delamere，1993） ● 社区形象固化（Stereotyped image of the community）（Delamere，1993；Province of British Columbia，1993） ● 有限的想象力/权力（Limited vision/Power）（Delamere，1993） ● 社区特性的缺乏或丧失（Lack/Loss of community identity）（Delamere，1993） ● 负面道德（Negative morals）（Delamere，1993；New Zeal & Tourist & Publicity Department，1988） ● 交通增加（Increases in traffic）（Getz，1991；Lundberg，1990；Province of British Columbia，1993） ● 犯罪增加（Growth in crime）（Lundberg，1990；New Zeal & Tourist & Publicity Department，1988） ● 团体之间的冲突（Intergroup conflict）（New Zeal & Tourist & Publicity Department，1988） ● 可能的公共通道限制（Possible limits to public access）（Lundberg，1990）

续表

社会收益项目	社会成本项目
● 为社区提供发现和开发文化技能和人才的机会（Opportunity for community to discover & develop cultural skills & talents）（Tourism Canada，n.d.；Weaver & Robinson，1989） ● 为居民提供体验新活动的机会（Opportunities for residents to experience new activities）（Weaver & Robinson，1989） ● 展示新的思想（Showcase for new ideas）（Tourism Canada，n.d.） ● 个人福利（Personal well-being）（Longson，1989） ● 分享家庭体验的机会（Opportunities for the sharing of family experiences）（Delamere & Hinch，1996） ● 加强友谊联系（Strengthening of friendship bonds）（Delamere & Hinch，1996） ● 见到事件表演者/工作人员的机会（Opportunities to meet festival performers/workers）（Delamere & Hinch，1996）	● 社区社会和娱乐习惯可能出现的变化（Possible changes in community social & leisure habits）（Butler，1975；Province of British Columbia，1993） ● 有利和不利的不均衡分布（Inequitable distribution of benefits & disbenefits）（Getz，1991） ● 生态破坏或污染（Ecological damage or pollution）（Getz，1991；Lundberg，1990） ● 垃圾增加（Increase in litter）（Delamere & Hinch，1996） ● 噪音污染增加（Increase in noise pollution）（Delamere & Hinch，1996） ● 社区能源消费（Expenditure of community energy）（Delamere & Hinch，1996） ● 社区能源在其他方面消费更好（Community energy better spent on other causes）（Delamere & Hinch，1996） ● 由于参与事件或当志愿者而影响工作绩效的压力（Stresses of participating or volunteering affecting workplace performance）（Delamere & Hinch，1996） ● 游客涌入降低社区私密性（Influx of visitors reduces community privacy）（Delamere & Hinch，1996）

注：资料来源 Delamere，Wankel，Hinch（2001）

表 3-3　积极和消极社会影响一览表

作者	积极的社会影响	消极的社会影响
Ritchie（1984：7）	● 增加社区自豪感 ● 传统和价值加强 ● 体育、艺术和其他相关活动的更多参与 ● 新社会模式或文化影响的适应 ● 增加自愿捐助行为、社区团体活动和文化交流	
Hall（1992：69）	● 共享体验 ● 具有活力 ● 传统 ● 构建社区自豪感和特性 ● 社区自豪感确认	● 社区疏离感 ● 社区操纵 ● 负面社区形象 ● 不良行为 ● 物质滥用

续表

作者	积极社会影响	消极社会影响
Hall（1992：69）	● 改善了地区特性 ● 增加了社区参与 ● 介绍新的和挑战性观点 ● 扩张文化远景	● 社会紊乱 ● 娱乐设施损失 ● 交通拥挤 ● 偷窃 ● 噪音 ● 卖淫
Higham（1999：85）		● 拥挤 ● 基础设施拥堵 ● 当地居民由于成本而外出 ● 对当地生活方式的打扰 ● 当地居民的替代或移走 ● “粉丝”的不良行为 ● 人权压制
Getz（2005：404）		● 社区生活的分裂 ● 由于噪音和拥挤而使舒适环境丧失 ● 社会和娱乐习惯的改变（如人们离开居住地以逃避事件影响） ● 社会团体间的敌对 ● 由于房价上升，租户的移置 ● 由于商品和服务价格上升，使低收入人群生活质量下降 ● 卖淫 ● 犯罪增加 ● 示范效应 ● 物质滥用 ● 不良拥挤行为
Fredline（2005：268）	● 自豪感 ● 社区或家庭一起娱乐的机会 ● 对健康水平的影响	● 吵闹 ● “粉丝”犯罪 ● 由文化间相互作用和团队竞争而导致的民族主义情绪 ● 对当地环境缺乏控制而导致的心理福利的降低

表 3-4　SIP 刻度评价项目

社区影响 ● 街道拥挤 ● 寻找停车位困难 ● 交通拥挤 ● 当地商店和设施拥挤 ● 公共运输服务拥挤 ● 噪音污染 ● 商品和服务范围增加 ● 商品和服务价格上升 ● 工作机会增加 ● 商业机会增加 ● 当地自豪感增加	娱乐影响 ● 娱乐机会增加 ● 现有娱乐和休闲设施的未来使用增加 基础设施影响 ● 现有公共建筑的修缮 ● 高标准维护公共设施 健康和安全影响 ● 警力增加 ● 犯罪和破坏公物增加 文化影响 ● 对当地社区特征的影响 ● 对地区文化识别的影响 ● 当地居民对地区文化和历史的兴趣提升 ● 当地居民对文化活动兴趣的提升 ● 与游客的接触提供了教育经历

注：资料来源 Small，Edwards & Sheridan（2005）

第四节　总结

事件举办期间整个目的地（包括社区）都会涉入其中，事件将会对举办地产生社会文化影响。在事件期间交通拥挤、停车困难、商店人满为患以及当地设施过度拥挤都会对当地居民生活产生影响。事件组织者和研究者认为需要衡量事件的社会文化影响，因为举办地社区对事件不满意会威胁到事件的长期影响。社会文化影响研究还处于非常初级的阶段，对其系统的评估还缺乏研究。与经济影响不同，社会文化影响很难客观地评估，因为很多社会文化影响无法量化，而且社会文化影响对社区中的不同成员有不同的影响。本章首先简单介绍了学者对事件社会文化影响的概念界定和研究的基本内容，然后介绍了社会文化影响研究的基本理论模型和研究框架，最后介绍了社会文化影响评价的指标体系。

在很多情况下，为了获得政府资金支持而需要展示事件的经济收益，这可能会直接导致事件性质的改变。反过来，这些改变又会限制社区参与，进而削弱事件对地区发展的长期积极影响的效果。如果事件失败了，那么会如何影响社会资本和社区能力？在某些案例中，事件主要是为当地居民参与而设计的，所以其成功并不取决于吸引游客的能力，但在其他一些案例中，事件成功与否确实依赖于游客的参与度。这就提出了如何平衡外部市场需要以及阻碍社区参与和居民需求力量的挑战。这个限制提出两个问题有待于深入研究：第一，如果事件失败会对社会资本和社区建设产生什么影响？第二，当地需求和游客市场应该如何平衡？除了这些问题，研究衡量指标应该对提升事件节庆对社区发展影响的能力有意义，如事件发展的社会关系的数量和质量、参与事件学习的水平和类型、事件协调参与对其他地区活动的贡献等等。

总之，事件的社会文化影响还处于非常初级的阶段，未来研究应该在社会文化影响的评估刻度、研究方法等方面进一步深入。

附件 3-1 调查问卷

第一部分：被调查者概况

1. 您在慕尼黑住了多长时间？

A. 少于 1 年　B. 1-5 年　C. 6-10 年　D. 10-20 年　E. 20-30 年
F. 30-40 年　G. 40 年以上

2. 您是足球支持者吗？

A. 是　B. 否

3a. 您密切关注 2006 年 FIFA 世界杯比赛吗？

A. 是　B. 否

3b. 如果在 3a 的答案为“是”，您主要是在什么地点关注 2006 年 FIFA 世界杯？

A. 在家里　B. 在公共观看点　C. 在啤酒屋/咖啡馆/酒吧　D. 在体育馆
E. 其他地点（请具体列出）________________

4. 世界杯在慕尼黑举办时，您是否避免出现在一些公共场所和设施，如商店和地铁？

A. 是　B. 否

第二部分：感知的证明社会影响

强烈同意　同意　不同意也不反对　不同意　强烈不同意

5a. 我的国家队在世界杯获胜，增加了我的国家自豪感。

5b. 在慕尼黑共同举办 2006 年世界杯，增加了我的民族自豪感。

5c. 在慕尼黑共同举办 2006 年世界杯，增加了我作为慕尼黑居民的自豪感。

5d. 球迷对于德国国旗的强大展示是德国社会民族意识的积极发展。

6. 在2006年世界杯期间共同庆祝已经强化了社区意识，并改善了不同种族人们之间的关系。

7. 在慕尼黑共同举办世界杯能够:

7a. 增加购物设施

7b. 改善休闲设施

7c. 增加文化活动数量

7d. 提升慕尼黑基础设施

8. 建造Allianz Arena及其未来可用于体育比赛是2006年世界杯的积极影响之一。

9. 您所感知到的2006年世界杯其他积极影响还有哪些?

第三部分: 感知到的负面影响

10a. 在慕尼黑共同举办2006年世界杯，导致犯罪增长。

10b. 如果您同意，您感觉哪种犯罪有明显增长?

A. 偷盗　B. 入户行窃　C. 暴力行为　D. 其他

10c. 在慕尼黑共同举办2006年世界杯，导致城市有组织的犯罪增长。

10d. 在慕尼黑共同举办2006年世界杯，导致城市卖淫增长。

11a. 在慕尼黑举办世界杯期间，足球“粉丝”的不良行为是世界杯的主要负面影响之一。

11b. 如果您同意上述论断，下面哪种形式的“粉丝”不良行为是您感觉最普遍的?

A. 街头恶棍行为　B. 破坏他人财产　C. 醉酒　D. 口头骚扰

E. 身体骚扰　F. 其他行为，具体有________________

12. 举办世界杯，慕尼黑不同种族之间的紧张情绪增加?

13a. 慕尼黑房屋租赁价格在事件前期和期间上升?

13b. 慕尼黑房屋价格在事件前期和期间上升?

14. 在慕尼黑举办世界杯期间，许多当地居民到哪些经常被球迷使用的地方或设施，如商店或公共交通?

15. 您感知的2006年FIFA世界杯的其他负面影响有哪些?

第四部分: 人口统计概况

16. 您的性别? A. 男性　B. 女性

17. 您的年龄?

A. 15～19　B. 20～29　C. 30～39　D. 40～49　E. 50～59　F. 60以上

18. 您的职业与旅游或事件（如2006年FIFA世界杯）有关吗？

A. 是，请具体说明　　　B. 否

19. 您的国籍？

A. 德国　B. 非德国，请具体表明

（资料来源：Ohmann，Jones & Wilkes，2006）

第四章　事件对目的地形象影响

【内容摘要】

大型事件作为稳步增长的旅游组成部分，可以直接吸引大量游客，并产生大量的旅游收益，也会提高举办国家的市场地位，并改变旅游目的地形象。虽然事件影响研究依然在强调事件的经济影响，但更多的研究注意力正在转向目的地形象提升这一影响。相比于经济影响研究来说，大型事件对形象的影响研究非常少。本章首先介绍旅游目的地形象及目的地营销的基本概念，然后阐述大型事件对旅游目的地的影响，最后探讨了事件形象影响的研究方法。

第一节　旅游目的地形象和事件营销

成功举办大型事件不仅可以提高举办国认知度和国家形象，还可以创造较强的竞争优势，并长期从游客处获得更大的收益（Ritchie & Smith，1991）。大型事件作为稳步增长的旅游组成部分，可以直接吸引大量游客，并产生大量的旅游收益（Gelan，2003），也会提高举办国家市场地位（Brown，Chalip，Jago & Mules，2002），并改变旅游目的地形象（Kim &Morrsion，2005）。虽然事件影响研究依然在强调事件的经济影响，但更多的研究注意力正在转向目的地形象提升这一影响，如社区提升和积极形象的创造（Getz，1997；Higham & Ritchie，2001；Jago & Shaw，1998；Uysal，Gahan，& Martin，1993）。

一、旅游目的地形象

旅游目的地形象研究始于20世纪70年代，并逐渐得到广泛关注。自1971年美国科罗拉多州立大学Hunt的博士论文“形象旅游发展的一个因素”探讨旅游目的地开发形象因素的意义以来，国际上掀起了旅游目的地形象的研究热潮。

形象（image）是一个广泛使用而定义模糊的概念，一般认为形象是人们对所认识的事物的个人的、主观的、概念性的理解；或者说形象是建立在人脑信息处理过程基础之上的，所形成的一种内在的信念和印象，因此旅游目的地的形象就是由旅游地的各种旅游产品（吸引物）和因素交织而成的总体印象。

Hunt（1975）认为旅游地形象是纯粹主观的概念，是人们对非居住地所持有的印象，外界作用与人脑所形成的意识流。目的地形象是关于目的地特征综合印象的一部分（Gartner & Hunt，1987），或者是对目的地的一个情感反应（Baloglu &Brinberg，1997；Russel & Pratt，1980）。Baloglu et al.（1999）认为旅游目的地形象是一种表示旅游者个人态度的概念，它是指个体对旅游目的地的认识、情感和印象。对于特定目的地特征的选择被视为形象维度（Phelps，1986）。因此，形象会影响游客行为的论断是合乎逻辑的。如果形象影响游客行为，则形象可被解释为主观现实。也就是说，通过认识和行为，形象就形成了，而形成的形象则会影响游客满意度（Ashworth & Goodal，1988；Mansfeld，1992）。新的不同的体验也可以创造新的形象（Bloemer & de Ruyter，1998）。Bigne，Sanchez & Sanchez（2001）检验了满意度和形象直接的关系，认为目的地体验影响形象，然后能够改变这些形象（Chon，1991；Echtner & Ritchie，1991；Fakeye & Crompton，1991；Ross，1993）。在旅游文献中，目的地形象是指以旅游者为基础的形象，而不是以营销者为基础的形象。大部分学者同意目的地形象是一个地方总体的或全部的印象（Ahmed，1996；Crompton，1979；Dichter，1985；Hunt，1975；Kotler et al.，1993）。例如，Fakeye & Crompton（1991：10）坚持认为形象是潜在游客根据一些有选择的印象而构建的精神变量，是目的地的总体感知。MacKay & Fesenmaier（1997：538）在其所构建的目的地形象形成的画面因素的研究中，定义形象为：不同产品（吸引物）和特征综合成的总体印象。

然而，关于构成目的地形象的因素研究出现了分歧（Gallarza，Saura & Garcia，2002）。Crompton（1979）首先揭示了目的地形象的认知构成。一些研究者随后讨论了目的地形象不仅反映一个地方物理特征的观点，即指定形象（designative image）或者是认知形象/概念印象，也是人们对目的地的感觉和评估，包括情感形象（affective image）、评价形象（appraisive image）、评估形象（evaluative image）（Baloglu & Brinberg，1997；Echtner & Ritchie，1991；Walmsley & Young，1998）。最后，认知和评估联合在一起，形成目的地总体形象（Baloglu & MaCleary，1999a）。其他研究者（Dann，1996；Gartner，1996）认为存在第三个组成：意动形象（conative image）。进而，Milman & Pizam（1995）从另一个角度认为目的地形象是三个部分的混合体：产品（吸引物的质量、价格）、举办地居民的态度和行为、环境（例如自然环境和其他支持设施）。

目的地形象包括有形形象和无形形象。Selby et al.（1996）从旅游者认知的角度提出了朴素形象（naive image）和再评估形象（re-evaluated image）的概念。Gallarza.et（2002）提出的旅游目的地形象的概念化模型着眼于旅游者的视角，其他大多数的研究虽未直接涉及旅游目的地形象的概念阐释，但都是以旅游者对旅游目的地的“感知形象（perceived image）”作为研究对象的。考虑到目的地形象结构，Baloglu & McCleary（1999）提出目的地形象由认知形象（概念/认知评估）、情感形象（情感评估）和总体形象（整体的印象）构成，具有连续的关系。Embacher，Buttle（1989）& Reilly（1990）试图用语意不同的刻度同时衡量认知的和情感的因素。以前的研究提到认知形象和情感形象独立存在（Baloglu & McCleary，1999；Russel，1980）。一些研究者试图用两个或四个不同的刻度来衡量认知评估（Baloglu & Brinberg，1997；Russel & Snodgrass，1987；Russel，Ward & Pratt，1981；Ward & Russel，1981）。Park & Ko（2002）在其目的地形象结构的经验研究中发现，认知形象可以被分为半情感形象和纯粹情感形象。纯粹情感形象是传统意义上被接受的情感形象，与情感形象有相似的概念。半情感形象与纯粹情感形象有一点不同，因为一些形象很难与认知评估因素相区别，也不能作为认知反应或情感反应来确定。

与对形象概念和构成的过度关注相比，与形象形成过程相联系的形象变化却很少有研究。Tyagi（1989）坚持认为形象不是静止的，他用“行李打包（baggage-packing）”比喻说明了形象变化过程：游客在行李箱中装满各种衣服、各种机械和洗漱用品。然而，他们只使用条件所允许的衣服、机械和洗漱用品。相应地，在旅途中游客对目的地会有各种不同的印象，但在旅途中不是所有的印象都起作用或有意义。意想不到的条件出现时，形象也会发生变化（引自Milman & Pizam，1995：21）。虽然学者对形象的动态性普遍认可（Gallarza et al.，2002；Milman & Pizam，1995），但对于为什么形象会变化以及怎样变化还没有达成一致意见。

许多研究表明人们不能很快地意识到目的地整体形象的变化（Fakeye & Crompton，1991；Gartner，1986；Gartner & Hunt，1987），形象改变很可能是困难的、高成本的、并耗费时间的过程（Fakeye & Crompton，1991：10）。这些结论可以得到现实世界的支持，例如，由于感知变化的困难和很少获得的成功，英国某些地方当局已经放弃外部营销并转向内部提升（Young & Kaczmarek，1999）。Smith（1973：116）把形象变化的困难归因于观众对与现存定位相反的言论拒绝，可靠度低的信息的无效性、观众拒绝被操纵。

研究目的地形象对于旅游发展有重要作用，这主要是因为：第一，目的地形象影响度假地选择（Baloglu & McCleary 1999；Fakeye & Crompton 1991；Gartner 1989；Mathieson & Wall，1982）。游客一般选择有积极形象的目的地；第二，目的地形象影响决策后行为（Ashworth & Goodall 1988；Bigne et al. 2001；Mansfeld 1992）。当人们度假后，会根据服务质量和享受程度形成其旅游体验。享受程度受期望影响，从营销的角度来看，Kotler，Bowen & Makens（2003）

认为如果消费者在购买之前对产品有好的印象，那么消费者就会有积极的购买经历。同样的道理适用于游客消费：对目的地形象有正面印象的游客实际体验效果更好，也会产生更高的行为意愿和满意度水平。

二、目的地形象和目的地营销

1. 目的地形象和目的地营销

研究者用很多不同的方法确定旅游营销对目的地形象形成的作用（Baloglu & McCleary，1999；Fakeye & Crompton，1991；Gartner，1989；Mill & Morrison，1998）。目的地形象影响游客行为（Pearce，1982），而且对游客的目的地决策程序有非常重要的影响（Tapachai & Waryszak，2000；Woodside & Lysonski，1989）。

对于供应者来说，旅游营销包括广阔多样的分销渠道。潜在游客需要搜寻旅游产品和服务的信息，因为这些信息会影响目的地选择（Mayo & Jarvis，1981）。信息需要可通过营销努力来满足，旅游营销的终极目标是改变游客行为。很多游客在搜寻信息时试图比较不同的目的地，来自亲戚和朋友的信息对目的地选择决策具有最大的影响（Baloglu & McClearly，1999）。目的地形象也可以被一些媒体影响，如电视、广告、报纸（Philipsen，1995）。旅游营销能创造并改变目的地形象（Mill & Morrison，1992）。在信息认知完成后，目的地形象形成或改变。有衡量潜在游客或观众对认知变化的跟踪研究，也有衡量在获取目的地信息之后实际参观的变化研究（Lawton & Page，1997；McWilliams & Crompton，1997；Messmer & Johnson，1993；Wicks & Schuett，1991；Woodside，1990；Woodside & Ronkainen，1984；Zhou，1997）。虽然衡量涉及很多问题，但跟踪研究和变化研究主要是用于评估目的地营销的效果（Burke & Lindblom，1989；Van Hoof & Hobson，1997）。Perdue & Botkin（1988）发现在要求目的地信息和不要求目的地信息的游客之间存在很大的差别：信息要求者的旅游期间较长。另外，信息要求者的花费更多，团体规模更大。Perdue & Botkin（1988）推测当风险感知和游客参与程度高时，游客会积极地搜寻信息。

世界上主要旅游城市非常重视营销活动，并希望在不断变化的经济和社会环境中重塑自己的形象（Ashworth & Voogd，1990；Nykiel & Jascolt，1998）。渠道营销是创造象征性形象的过程，象征性形象是一个地区的代表，以此来与目标观众交流，创造并维持游客在目的地旅游或生活的愿望（Kotler et al.，1999）。地区营销过程不会立刻显示效果，但地方当局在下结论之前需要分析营销方式（如事件）对当地企业和居民的长期影响（Morgan，1996）。

2. 事件是目的地营销的重要方式

事件和节庆旅游长期以来被视为“最令人激动和增长最快的娱乐、商业、和旅游现象之一”（Getz，1997：1）。通过增加宣传、产生旅游需求、发展供给和基础设施、整合当地资源，举办事件和节庆被认为是一个有效的形象提升战略（Carlsen & Williams，1999；Kotler，Haider，& Rein，1993；Li，2001）。特殊事件旅游是一个重要的旅游刺激因素，而且特殊事件旅游是旅游产业中增长最快的部分之一（Backman，Backman，Uysal，& Mohr Sunshine，1995）。这是因为事件可以成为城市的旅游吸引物、有利于媒体对目的地的报道、提升未来游客对目的地的认知。具有世界级水平的大型、国际化知名事件对举办国家和城市的形象具有重要影响（Bramwell，1997a，b；Law，1993），所以各大城市争相举办这样的大型体育赛事，以期提高城市形象（Baade & Matheson，2004：350）。大型事件被视为大规模旅游产品，也是旅游发展和营销计划的组成部分（Getz，1989）。大型事件不仅可以直接吸引参与者到举办地来，而且可以通过广告和媒体覆盖来增加举办地国家的报道，通过增加未来游客来间接增加旅游收入（Bramwell，1997a，b；Chalip，Green，& Hill，2003；Morse，2001；Mules & Faulkner，1996）。

特殊事件和旅游之间关系的一个重要因素就是与事件相关的形象转化为目的地形象的方式，并进而增强、提高和改变目的地的品牌。事件形象到目的地形象的转化非常重要，因为现在这些形象正开始控制城市特征的自然和物理方面（Burns，Hatch，& Mules，1986：5）。文献研究支持目的地和事件之间的这种重要关系，并认为这是通过举办事件来提高目的地认知和目的地形象认知的一个关键原因（Backman et al.，1995；Burns et al.，1986；Hall，1990，1992，1996；Kaspar，1987；Ritchie，1984；Ritchie & Smith，1991；Roche，1994；Travis & Croize，1987；Witt，1988）。Ahmed（1991）认为重塑目的地形象有六个技巧：各组成部分积极形象的资本化、大型活动的时间安排、组织熟悉的旅游、使用有选择性的营销、竞标争取举办国际旅游和旅行会议、利用负面形象。

节庆提升社区形象的功能在大型事件中有所体现，如奥运会，这样的大型事件可以吸引大量游客，奥运会在规模及其在举办地城市、地区和国家的经济上所产生的影响是无以伦比的，奥运会给当地经济发展提供了绝好的机会，可以提高国家举办体育事件的收益（Beriatos & Gospodini，2004；Chalip & Leyns，2002；O’Brien，2006）。与此相比，社区节庆只能吸引小规模的社区注意力（Bramwell，1997；Dimanche，1996；Faulkner，Chalip，Brown，& Jago，2001；Mihalik & Simonett，1998；Ritchie & Lyons，1990；Ritchie & Smith，1991；Roche，1994；Spilling，1996）。

三、事件对目的地形象影响相关研究

事件已成为目的地品牌日益重要的组成部分。虽然事件对于目的地举办地的品牌形成具有重要贡献，但对如何通过事件来创建目的地品牌的研究却非常少。在对目的地形象研究的综述中，Pike（2002）发现在1973～2000年间共有142篇文章研究目的地形象，且大多数研究是在北美做的，而且研究的是国家形象，只有少数文章是衡量目的地形象的。

相比于经济影响研究来说，大型事件对目的地形象影响的研究却非常少，这主要是因为衡量形象变化存在困难。在众多研究者中，Ritchie（1984）第一个提出目的地或地区形象的短期和长期提升是巨型事件政治影响的结果。这个领域中一个全面研究是关于1988年卡尔加里冬奥会对认知度和形象长期影响的研究（Ritchie & Smith，1991）。研究结果表明卡尔加里在奥运会前两年在欧洲调查者的认知度为49.2%，而在1988年则上升为87.6%。在此期间，加拿大没有其他城市的认知度有如此大幅度的提高。在奥运会后一年，认知度水平为85.6%，有小幅的下降。值得注意的是，卡尔加里认知度水平在美国居民眼中没有在奥运会之前有所增长（1986是72.4%，1987年是77.0%），也没有在奥运会之后有所增长（1988年是88.8%，1989年是85.4%），因为这个城市在赛前就在美国居民中有很好的认知度。然而，由于奥运会卡尔加里的形象确实从1987到1988年经历了一个显著的上升。例如，17.2%的美国被调查者在1987年提到“奥运会”是一个形象要素，这个数字在1988年上升到77.4%，1989年为66.4%。同时，Ritchie & Smith（1991）提醒认知度水平会随着时间流逝而衰退，政策制定者如果希望在国际旅游市场中保持竞争地位，就必须采取行动使最初收益资本化。

Watt（1998）解释了营销组合的4P原则（渠道、价格、产品、促销），并从节庆的角度对每个原则做了定义。Getz（1999）提出大型事件客观作用之一就是形象塑造者（如创造广泛的认知，并对举办国家和社区具有积极的形象影响）。Deutsch & Merritt（1966）从非旅游的角度研究认为，外部事件对目的地形象有六种可能的影响，包括：加强形象、对形象产生非重大改变、增加解释信息、通过降低不确定性使形象清晰、认知形象、改变形象的重要性。在事件形象提升研究中，Jeong & Faulkner（1996），Mihalik & Simonett（1998），Pyo（1995），Ritchie & Smith（1991），& Wicks（1995）验证了举办节庆和事件具有形象提升作用。游客目的地形象可以改变，满意度水平也可通过目的地形象提升而提高（H. Kim & Richardson，2003；S.Kim & Morrison，2005；Prentice & Erson，2003）。

Kim & Morrison（2005）针对旅游目的地形象变化的经验研究提供了一个有价值的总结，他们认为在一个或两个时间点衡量的形象会由于旅游体验、宣传努力、政治或社会环境变化等影响而改变。再者，他们发现其他影响目的地形象的因素包括：国籍、社会人口特征、认知水平或对目的地的熟悉程度、媒体宣传。针对 2002 年 FIFA 世界杯，Kim & Morrison（2005）检验了所选择的国外游客对韩国形象感知的变化。他们研究了国籍、性别、教育水平和职业与感知形象之间的关系。深入研究了三个中介效应：到韩国的游客数量、在世界杯之前对韩国的认知水平、被调查者在电视上观看的比赛数量。韩国形象用 21 个项目来衡量。结果表明海外游客在世界杯之后对韩国有了更积极的印象，游客对安全问题的焦虑在世界杯之后有所下降。对韩国有所了解的游客以及以前在电视上看过世界杯的游客对韩国印象提升更多。然而，到韩国参观的次数并不是一个影响目的地形象的显著性变量。总之，结论就是世界杯积极地改变了游客对韩国的感知。

Lee et al.（2005）使用与 Kim & Morrison（2005）不同的方法研究了在世界杯期间来韩国的游客，研究游客在世界杯期间是否对韩国印象发生了变化，专程为世界杯而来的游客与其他游客是否有所不同。Lee et al.（2005）用认知形象刻度来衡量韩国形象感知，根据以往研究采用了 19 个项目（Baloglu，2001；Baloglu & Brinberg，1997；Baloglu & McCleary，1999；Chaudhary，2000；Chen，2001；Leisen，2001；Walmsley & Jenkins，1992）。这个刻度包括认知方面，如吸引力（美丽风景/自然吸引力、各种商店商品、有意思的历史/文化吸引物、适合的住宿、有吸引力的食物和饮料、各种娱乐机会、便利的当地交通、个人安全、无语言障碍、有趣、友好和好客的人们）、货币价值（货币价值高、旅游成本/价格低）、异国氛围（新鲜的/放松的氛围、好的气候、异国情调、无污染和未损坏的环境）。研究清晰地表明举办世界杯对韩国游客感知有积极的影响，那些世界杯期间到韩国旅游的游客则对韩国有更积极的形象认知、对在韩国的旅游经历更满意、有更大的意愿向其他人推荐韩国，而没有来韩国的外国游客对韩国感知没有变化。

第二节　事件目的地形象塑造的影响因素

一、事件目的地形象塑造的影响因素

影响特定事件在目的地形象塑造方面的作用的因素包括以下几个方面。

1. 社区支持

许多事件的成功非常依赖于当地社区，因为事件参与人大部分为当地居民（Crompton & McKay，1997；Getz，1997）。社区支持被认为是事件能否成功塑造目的地形象的最重要因素。在事件策划的每个阶段都会有社区参与，事件的策划和组织应该在所在社区中创造一种归属感和自豪感。如果当地居民把自己看作事件的组成部分，并对事件感兴趣，他们的支持就会对游客感知事件和目的地的方式产生积极影响。悉尼奥运会期间的志愿者可以被视为社区支持的例子，促进了事件“友好”氛围的形成，并促进了目的地品牌的形成。

事件可以使当地商业团体获得财务收益，这也是事件能否成功塑造目的地形象的重要因素，因为这样可以引导商业社区与事件组织者合作，使事件从当地商业社区获得进一步的支持。

缺乏社区支持被视为事件无助于目的地形象塑造的主要原因。例如，由于缺乏当地社区的支持，澳大利亚昆士兰洲的室内音乐节（Festival of Chamber Music）没能成功塑造目的地形象。该音乐节明确以地区外游客为市场，举办地社区并不以此节庆为荣，并不支持该节庆，致使该节庆和目的地形象都受到了损害。

2. 与目的地文化和战略的匹配

事件要想对目的地品牌起到积极的作用，必须与目的地和其社区在文化和战略上有很好的契合度。这种契合包括几个维度：价值、事件的文化（和其观众）、目的地的自然和通信基础设施（无论是存在的还是建议的）。因为品牌反映价值、文化和基础设施，事件的价值、文化和所要求的基础设施应该与社区试图通过品牌交流的价值、文化和基础设施一致。以布里斯班节为例，该节庆就因为没有反映当地社区的精神，而在塑造目的地品牌方面失败。该节庆把其主题拔高到“艺术精华”，使当地观众被排除到市场之外。结果，当地居民对该节庆的支持有所保留。与其相比，阿德雷德节庆则成功地反映了澳大利亚的文化价值，并成功地塑造了阿德雷德的品牌形象。

文化和战略匹配需要清楚社区是怎样看自己的，又是希望别人怎么看自己的，而不是别人现在怎么看自己。一些事件之所以能够准确地成功重塑目的地形象，是因为他们能传达与目的地已有形象和价值不同的形象和价值观以及目的地寻求的形象和价值观。昆士兰活福民族节（Woodford Folk Festival）就是一个例子，该节庆把伍德福德市（Woodford）从一个监狱城市形象变为能够成功举办文化活动的形象。

相比于只在目的地举办一次的大型事件来说，重复举办的事件更需要举办地社区的支持，也需要与举办地社区和目的地有更密切的匹配。事件与目的地之间的匹配对于事件和目的地两者都是必要的，这有助于事件促进目的地形象的形成，也有助于目的地促进事件本身形象的形成。

3. 区别点

如果事件能够帮助目的地区别于其他目的地，那么事件对于目的地品牌的形成具有特殊作用。目的地所能提供的产品组合以及因此而获得的收益与其他目的地有所不同，这种不同可以通过为观众提供独特的收益或者为目的地提供收益而形成。事件观众会根据所获得的独特收益来选择参加事件（或在以后的日子参加事件）。观众所获得的收益可以是财务的、文化的、体验的、娱乐的或者是社会的。事件可以通过不同层面使事件本身和举办地与其他事件和目的地相区别。然而，观众到底希望从事件中寻求什么样特殊的收益？哪种事件的元素能够提供或者抑制这种特殊收益？这些收益怎样和目的地品牌塑造相联系？对于这些问题我们则知之甚少。事件管理者和目的地营销人员希望这些课题能够被深入研究。

4. 寿命和事件传统

寿命和事件传统被视为增强事件目的地形象塑造效果的重要因素。以墨尔本杯（Melbourne Cup）为例，墨尔本杯是澳大利亚举办时间最长的大型事件，也是融入社区并经长时间发展而完善的事件，墨尔本杯反映了澳大利亚人热爱娱乐的性格特征。虽然该事件经常被提及，但是其“寿命”并没有经常被讨论。部分原因是因为大量一次性事件成功地塑造了目的地品牌，如悉尼和墨尔本奥运会、布里斯班世博会、布里斯班团体赛、佛力曼特尔（Fremantle）的美国杯。这些事件规模大、特征鲜明，虽然只在目的地举办一次，还是可以给目的地品牌带来收益。尽管如此，事件的“寿命”依然重要，因为事件可与其目的地成为同义词。如果一个事件能与目的地捆绑5～10年，那么这个时间对目的地的形象塑造将有重大贡献。悉尼－哈巴特游艇赛就是一个很好的例子，它已经举办了50年，并与两个目的地联系在一起，事件的时间长度提高了其影响。

打造长期事件指的是事件所留下的遗产。从品牌的角度来看，关键问题是事件成为目的地所设计的鼓励长期游客需求的广告和营销的一部分。例如，布里斯班世博会、布里斯班团体赛、悉尼奥运会，这些事件都向世人证明澳大利亚是个安全的地方，能够举办大型事件。工作组参与人员认为诸如团体赛和世博会这样的大型赛事帮助布里斯班从一个乡镇成长为一个城市，并以其所拥有的现代且尖端的设施以及旅游吸引物而感到骄傲。这些事件对当地文化也产生了巨大影响，产生了新的夜生活，并为当地居民提供了体验其他文化的机会。

事件在财务上必须是可持续性的，以确保能维持多年来塑造目的地形象。因此，每个事件必须首先能够吸引足够的爱好者，也就是事件最主要的目标市场。只有这样，事件才能立足并有助于目的地品牌的塑造。

5. 合作策划

要想事件能够成功地塑造目的地形象，需要在关键的参与者之间进行合作策划和协调，包括事件管理者、目的地营销者、目的地政府事件组织。合作策划（Cooperative planning）对于确保有充足的设施和进入目的地的通道是必要的，可以合作营销。这个观点与其他品牌工作是一致的，如建议利益相关者合作和整合营销交流（de Chernatony， 2001；Duncan & Moriarty，1997；Keller & Aaker，1997）。

6. 媒体覆盖

媒体对事件和目的地的积极支持是一个重要因素，对于事件促进目的地品牌的形成具有重要影响。在某种程度上，媒体覆盖是事件规模的函数，大型事件一般会有更多的媒体报道，许多小型事件在社区之外的媒体覆盖面则较少。然而，事件形象不限于事件宣传，可以融于目的地的媒体（包括广告）宣传中。因此，事件的媒体价值需要从事件宣传的广度和频率的角度来理解，应该从事件形象和目的地广告和相关媒体推广中提到事件的角度来理解。

7. 事件组合

单一的事件对目的地品牌难以产生显著的影响，为了建造目的地品牌，需要一整套组合事件。为使事件发挥目的地品牌构建的作用，需要通过不同的整合战略来发展目的地品牌。例如，墨尔本和布里斯班把自己定位为事件之都。虽然两个城市都成功地运用了事件，然而，这两个城市采取了不同的战略路径。墨尔本各种事件的多样性本身对目的地品牌是一个主要的促进因素，城市以事件范围和数量为重点的战略运作良好。相反，布里斯班通过鼓励小的节庆活动一起举办并利用合作市场机会使其事件营销合理化，这种战略看起来也非常有效。小型事件也许对于目的地品牌没有什么作用，但其能提高目的地举办其他事件的能力，提高大型事件的质量。

成功的当地事件能使当地居民对事件产生积极的态度，也有助于发展事件管理技能，并培育有经验的志愿者。这些都能够促进大型事件的质量，从而提高事件对目的地品牌影响的质量。事实上，通过增加目的地的社会和人力资本，小型事件对目的地品牌建设作出间接的贡献。当地的小型活动可以拓展大型活动的主题，能构建当地与大型活动的识别度，并提高事件对目的地品牌影响的质量。由许多当地活动组成的黄金海岸因迪嘉年华（Gold Coast's Indy Carnival）导致本田汽车因迪公路汽车赛（Honda Indy 300 race）是一个例子，通过增加许多活动创造了当地的气氛，构建了目的地品牌。当地小型活动对地区性事件同样有益。比如，昆士兰北部小城的骑术比赛对其地区性品牌发展起到了关键作用。该活动通过为当地居民创造参与艺术活动的机会，如以骑术为主题的摄影比赛。这种活动的扩展加强了当地居民对骑术表演的支持，反过来又增强了事件对目的地的地区品牌的影响。

二、总结

除了上面七个因素外，还有其他相关因素也能提高事件对目的地形象的影响程度。主要包括：长期打造事件以使事件长期成为目的地旅游的资本、根据社区价值观来打造事件、确保事件与当地形象有好的契合度、确保事件的标语和形象与目的地所做的其他面向同一目标市场营销的努力保持一致。如果把事件有效并合适地融入到目的地品牌战略中，则需要对事件融入目的地营销战略中有清晰的构思。另外，把目的地名字和事件名字联系在一起也是有用的，这是被广泛使用并证明是成功的，例如，墨尔本世界杯、悉尼－哈巴特游艇赛、仙女港民谣音乐节（Port Fairy Folk Festival）等等。

第三节　事件目的地形象影响的研究方法

根据文献回顾，可以总结两个因素对于评价事件对目的地形象影响是非常重要的：一是复杂的形象评估工具可以确定任何的形象变化，另一个是可以追踪事件影响的可行的研究设计。另外，成功的方法应该不仅发现形象变化，而且还能解释变化发生的原因。

一、目的地形象衡量工具

学者主要从两个方面研究形象变化。一些研究试图用静态形象形成模型来解释形象变化，并认为在不同组别中，形象差异是修订过程的结果。Pearce（1982）比较了游客在旅游之前和之后对希腊和摩洛哥形象的变化，研究表明与一组非游客相比，旅游经历确实改变了游客的形象。Fakeye & Crompton（1991）的研究作出了相似的结论，他们调查了首次游客和重复游客对目的地形象的区别，其研究证实了 Mishler（1965）的研究，即一旦个体在目的地停留足够时间，并通过与当地居民和设施有直接接触且对目的地不同维度都有足够的体验，他们则会有更复杂和不同的形象。

另一组研究者认为，影响形象变化方程的变量超出了静态形成模型的范畴。Gallarza et al.（2002）相信旅游目的地形象随着时间和空间维度变化而变化，时间对形象影响已经吸引了研究者的关注。Gartner（1986）检验了对美国四个州印象的营销，研究假设环境依赖性的活动或吸引物对时间可能更敏感，这使目的地形象构成出现波动。然而，在他研究设计的限制里，所观察到由短期季节性差别导致的形象变化就比较少。

Li & Vogelsong（2006）比较了两种衡量目的地形象改变的方法。一种方法是比较同样的被调查者在参加事件前后对目的地形象特征的评级，另一种方法是询问被调查者，让他们直接说出对目的地印象的变化，并选择促成这种变化的因素。这两种方法给出了相互对比的信息：相对主观的方法表明大多数被调查者（77.9%）认为节庆提高了举办地形象，而相对客观的方法则表明在现场调查和信件回邮期间形象评价出现了下降。

二、跟踪目的地形象变化的研究设计

可以选择不同的研究设计来跟踪事件对目的地形象变化的影响。理想的做法是对参与者事前和事后的检测可以提供最直观的结果。然而，因为很难接触到预期事件参与者（尤其是非当地居民），所以影响了这种方法的使用。作为替代选择的是，一些研究者使用针对非观众的事前（事中）和事后检测（Gartner & Shen，1992；Mossberg，1997；1999；Ritchie & Smith，1991）。Mossberg（1997，1999）比较了世界体育锦标赛前后瑞典哥德堡形象的变化，结果发现现场外籍非观众在赛前和赛后对哥德堡的印象并没有发生明显变化。尽管如此，调查显示结构方法和非结构方法（structrued & unstructured methods）都适合评估不同时间的形象变化。Mossberg（1999）认为如果参与者成为调查目标，会有不同的结果。这种方法对获得媒体广泛关注的大型事件有效，而用来衡量小型社区事件的形象变化则较难，因为非参与者对于小型社区事件的了解有限。

另一种方法比较了目的地对于现场参与者和非观众事后的形象变化。Suh（1996）评估了1995年史密斯气球节（Smith's Balloon Festival）对犹他州公园城（Park city）形象的影响。目标形象持有者是现场参与节庆的游客和短途郊游者（短途游客），节庆后与一组在现场没有参与事件的旅游者相比，结果表明事件参与者的目的地形象比非事件参与者评级明显低，这与预期不符。事件这种对目的地形象的负面影响可证实事件组织不佳。这也支持了事件对目的地形象可能产生积极或消极影响的结论。研究者假设两组被调查者对目的地形象评级不同，这主要依赖于是否参加了事件。虽然这种假设有一定的合理性，但人们更倾向于根据自身经历可靠地比较某事（Kozak，2002）。换句话说，检验同一主体形象变化应该能够提供更可靠的结果。进一步来看，除了主观分析之外，以前的研究对于“为什么形象会改变”还没有作出满意的解释。

第四节　总结

大型事件可以对举办城市或国家产生积极的经济影响，以游客消费、外汇、收入、就业和政府税收为形式。事实上，这已成为众多目的地争办事件的主要原因。研究表明举办事件不仅可以增加游客数量（Getz，1997；Light，1996；Mules & Faulkner，1996），还可以提升目的地形象和认知（Backman，Backman，Uysal，& Mohr，1995；Mules & Faulkner，1996）。尽管事件在影响目的地选择、娱乐活动、旅游时间方面具有重要作用，但对事件如何成就目的地形象并影响目的地长期旅游方面还知之甚少。本章以事件旅游影响为主题，首先介绍了旅游目的地形象及目的地营销的基本概念，然后阐述大型事件对旅游目的地的影响，最后探讨了事件形象影响的研究方法。

其实，事件对旅游的影响表现在多方面。关于游客人数和游客消费等和旅游经济影响有关的问题已在“事件经济影响”之中做过详细介绍。除此之外，还主要包括：第一，事件和节庆可以为其他种类的旅游发展和非旅游地区性产品和服务的发展提供支持。在旅游案例中，事件中建造的基础设施总体上可以用于支持旅游发展（Ekman，1999）。在非旅游活动案例中，大量事件节庆的研究案例集中在游客对地区性农业产品的关注，为消费者和供应商提供直接与当地小的生产者接触的机会、（Carter & Shaw，1993；Derrett，2003；Ekman，1999；Kenyon & Black，2001），从而增加地区性产品的认知度（WTO，2001）。并不是所有收益都限制在农业产品范围，Jones（2005）指出与事件有关的游客涌入为当地商业来尝试新产品和服务创造了更大的市场。第二，事件旅游与个人价值和旅游文化之间的关系研究。Hede，Jago，and Deery（2004）做了一份关于个人价值和事件旅游的卓越研究，Kay（2004）也做了一个为数不多的关于事件和旅游的比较文化研究。通过事件旅游体验，既可以获得一般的收益（如追求其他形式的休闲和旅游），也可以获得特殊的收益。研究者最近才从一般的动机研究转向特定的目标收益。这个进步来源于休闲和生活方式的研究。第三，事件旅游政策研究。事件旅游政策的组织管理严密，至少在澳大利亚是这样（Whitford，2004a，2004b），主要是因为事件在澳大利亚被看作合理的经济发展，还因为事件申办要看机会。在当地和地区层面，则需要有更多的合作和更广泛的利益相关者的投入。Weed（2003）在英国的研究说明了在两个体育和旅游的社区之间的紧密合作，包括资金和资源、组织管理严密的政策制定、组织和专业化、内部重点和项目为基础的联系。第四，事件满意度、旅游体验和目的地形象之间的关系。有必要研究事件满意度来作为旅游体验的质量标准与形象形成之间的关系，如果现场形成的影响对游客满意度有显著影响，那么通过现场形象管理来提高游客满意度就是可能的。

关于事件对旅游目的地形象的影响以及对旅游业的影响还有很多方面值得探讨，目前这方面的研究还处于非常初级的阶段，未来应该加强这方面的研究。

第五章　事件环境影响

【内容摘要】

大型事件不仅对举办地有重要的经济、社会文化、旅游影响，还可能会因为使用不可替代自然资源、排放二氧化碳而影响当地环境。近些年来很多公共和城市机构清晰地认识到需要关注事件的环境影响，但有关事件环境影响的研究非常少。本章首先介绍了事件环境影响研究的意义和内容，然后介绍了环境投入产出法和生态足迹法两种环境影响评估方法，最后介绍了事件环境影响的案例。

第一节　事件环境影响研究的意义和内容

一、事件环境影响研究的背景

近些年来，很多公共和城市机构清晰地认识到需要关注事件的环境影响。重要的国际协议使很多国家、地区和当地政府及其机构承诺在今后以更环保、更可持续的方式行事（Ross，2005）。事件可能会影响当地生态系统，使用不可替代自然资源、排放二氧化碳而影响气候变化（Cantelon & Letters，2000；Jones，2008），大型事件组织者已经开始意识到战略发展和实施的环境外部性（Collins，Jones，Munday，2009）。然而，环境外部性可能是正向的，也可能是负向的。例如，大型活动能够使举办城市获得重要的物理设施的发展，包括体育设施和与事件相关运输的改善，这些都可以为当地居民提供收益。与大型事件有关的基础设施发展和决策也能提供重要的示范效应，这些可持续发展规范和行动能够起到引领示范作用，而其效果评估可以用于更广的执行范围。例如，奥组委已经逐渐认识到使用奥运会活动和设施作为“试验田”的潜力，可以在更广的范围内让技术对可持续发展产生更重要、更积极的关键影响。

大型事件能影响环境、刺激基础设施发展、增加旅游和资源使用，虽然这些影响与广泛的经济影响和消费模式的影响相比非常小，但这些影响却是非常重要的。政府对于可持续性和举办事件的态度可以说明政府对更广泛的可持续发展的承诺，这种承诺对于公共政策如何处理经济发展和环境成本之间的关系尤为重要。在很多大型事件中，尤其是大型体育赛事中，经常会需要新建场馆和一些基础设施，建筑活动会涉及很多重型材料及其碳排放（Hiller，1998；REWARD，2003c，d；Collins et al.，2005）。设施建设者可能会寻求使用“环境友好型”过程和材料，但即使是严格遵守要求，这样的行动也只能最小化负面影响，而不是完全消除负面影响（Nelms et al.，2005）。与事件直接相关的环境成本是巨大的，如奥运会组织者已经采取了一些措施最小化现场环境成本，如绿色建筑、奥运村使用可循环能源、发展公共交通通往场馆等等（EREC，1998；Greenpeace，2004；Chernushenko & Stubbs，2005）。旅游模式是事件旅游环境影响的重要推动力。例如，Go¨ ssling，Hannson，Horstmeier & Saggel（2002）表明运输应该对长距离旅游所导致的环境影响的绝大部分负责，现有一些概念（如环境影响评估）很少能对不同旅游模式的环境影响提供有用的信息，没有处理间接的环境成本，如观众到达举办地国家乘飞机的环境影响等等。

日常体育活动的环境影响已经得到了关注，一些体育机构的最高境界就是试图达到“绿色大型体育活动”（Chernushenko & Stubbs，2005）。体育机构、团队和赞助商组织已经意识到需要更好地理解他们所赞助、举办和管理的活动的环境影响。这些与主要体育事件和设施的社会影响放在一起比较考虑，例如，包括强加给现存居民和商业的成本（噪音、拥堵、污染等等）（Hiller，1998；Lenskyj，2002；Olds，1998）。体育组织越来越多地关注他们所管理的体育活动对环境的影响，并需要将可持续发展过程和程序融入这些体育活动中（国际奥委会，1996；DETR，1999；Ross，2005）。广泛的可持续性问题的重要性在很多层面都是明显的，包括体育活动的日常管理、新的体育设施的发展和建造、体育事件的组织和管理（Chernushenko & Stubbs，2005）。考虑可持续发展问题意味着把可持续发展原则融入组织的活动、过程和决策程序中，并衡量和检测由此活动导致的正面和负面的环境外部性（Welsh Assembly Government，2004）。

很明显，国际奥委会已经着重考虑奥运会对环境影响的重要性，例如，Steiner（2006：1）强调从 1994 年利勒哈默尔（Lillehammer）到 2000 年的悉尼，再到 2006 年都灵，环境已经逐渐成为奥运会竞争中重要因素。1996 年奥运会宪章修订主要强调了 21 世纪行动计划（Agenda 21）[①]和可持续发展问题，环境被奥组委视为奥运会运动除了体育和文化之外的第三极重要因素（Cantelon & Letters，2000；国际奥组委，1996）。这一承诺已经向奥运会当地组委会传递，

① 1992 年 6 月在巴西的里约热内卢举行了 172 个国家首脑参加的国际环境会议。面向 21 世纪，为了防止大气污染、破坏臭氧层、保护森林、海洋等，规定了各国生产或者消费环境污染物质的标准或者活动。Agenda 是行动计划的意思，面向 21 世纪的行动计划，所以称为 Agenda 21。

自从1996年利勒哈默尔冬季奥运会之后，当地奥组委都考虑其组织活动的环境影响，虽然这些奥运会的成功水平不同（Greenpeace，2002，2004）。例如，在2006年都灵冬奥会就有环保计划，如衡量减少温室气体排放、最小化水资源利用、改善环境友好型饭店、抵消与事件相关的碳排放。这些问题在2008年北京奥运会竞标中也是主要问题，东道主与环境非政府组织讨论绿色奥运会的实施，北京市政府以奥运会为契机提高居民的环保意识，北京组委会承诺“零净排放”，与2003年盐湖城冬奥会的标准相同（G-Forse，2007）。伦敦承诺2012为可持续性比赛，这是伦敦成功获得2012年奥运会举办权的关键因素。2004年2月份，伦敦 2012 团队突出了“环境质量和可持续性是伦敦竞标的关键方面”（Stubbs，2004）。早期，伦敦奥运交付管理局（Olympic Delivery Authority，ODA）在伦敦发起了最小化碳排放、废弃物和水利用的战略，同时最大化环境友好型运输和材料的使用（ODA，2007；Weaver，2007）。伦敦奥组委所采取的环境战略集中在“建筑和事件组织活动的环境友好型方式”的实施方面，如建造能源节约型和具有可再生能力的住宿接待设施，或者减少废弃物、最小化水资源利用措施（London 2012，2005b）。伦敦奥运会和残奥会组委会还积极寻求建造更环保的奥运村，在场馆之间使用氢燃料运输工具（London，2012，2005b）。

减少环境负面影响也已经成为其他大型活动的主题，人们对碳抵消领域的热情已经蔓延到其他大型活动中。在2006年，国际足球联合会（FIFA）“绿色目标项目（Green Goal programme）”的目标是“使世界杯成为环境友好型的事件，努力降低水、废物、能源和运输的使用，制定抵消事件所可能产生的100 000吨碳排放的方案（Stahl，Hochfield，& Schmied，2006）”。维多利亚州政府安排2006年墨尔本联邦锦标赛实现碳中性、低废弃物以及最小化水利用（Victoria Government，2007）。“绿色”体育事件的一般性主题也被联合国环境项目在其体育和环境保护的全球论坛上所采用，论坛把利益相关者聚集在一起来讨论体育事件对环境的影响。环境关注也是2010年印度德里联邦锦标赛在体育场馆地点选择所关注的问题（Dutt，2007）。

二、事件环境影响研究的意义

1. 完善事件影响评估

可持续发展的目标是使世界上所有人能够满足其基本需要并有高质量的生活，并要不以后代生活质量为代价，代际平等是可持续发展的核心（Brundtl and Report；WCED，1987）。自然资源保护（质量和数量）和更广泛的生态系统被视为保护未来福利行动的最高优先级，但对于承载力和这些系统的“平衡收益点”却知之甚少，因此在个别政策规划中很难考虑这些问题（Getzner，1999）。

事件组织者和管理者在可持续发展领域所面对的问题相当复杂，“环境友好型”行动的结果很难评估。由于时间或资源限制，事件组织者和管理者可能会面临多种具有排他性的可持续战略的选择问题，例如燃料推进型汽车和可再生能源的住宿场所，但哪种选择对于环境保护更好却并不清楚，再如空气质量的降低与使用矿资源之间收益之间的比较，或者与人类创造的经济资本之间的比较（Turner，1992）。当时间和成本非常有限时，大型事件的管理者很难持续地衡量和监测事件的环境影响，如雅典奥运会在可持续发展中的表现很差，虽然其组委会投标时做出了很重大的承诺（Greenpeace，2004）。大型事件的策划和运作不仅需要了解超级战略和运营层面上的相关问题，如奥组委面临着奥运会将来如何发展的问题；还要了解战略层面的问题，如现有体育活动的可持续性如何更强；更需要了解如何运营层面的问题，如事件的就业安排、政策改变如何能减轻负面外部性问题、可持续评估的概念性问题（Morrison-Saunders & Therival，2006）。

事件环境影响的论文非常少（Collins，Jones，Munday，2009），但事件环境影响研究对于完善事件影响研究具有非常重要的意义。

2. 比较不同事件的环境影响

环境评估没有提供评估框架，使事件可以参照“环境标准”而互相比较。由于对当地问题的关注，环境影响和举办城市所实施的政策效果在不同事件之间难以比较或评估，所以期望用一组定量工具为每个可持续性评估提供信息是不可能的。当组织者面对众多潜在的可持续性行动或优先级时，评估者无法给组织者提供决策所依存的足够信息。

多维标准的发展也产生了新的问题。例如，2012 年伦敦奥运会竞标时把世界野生动物基金会（World Wide Fund for Nature，WWF）“一个世界”方法融入可持续发展之中，而不是明确地采用“绿色和平”组织奥林匹克行动纲领（Greenpeace，2000b；London 2012，2005）。这使判断一系列相似事件的环境绩效趋势和对比不同事件的环境影响变得非常困难。另外，缺乏标准意味着不能通过可持续发展标准来评估重大事件和其他形式经济活动之间的区别，而这一点在地区或国家政府在竞标重大事件时争取公众支持方面是非常重要的。

3. 建立全面解释经济、社会文化和环境目标之间关系的框架

政策制定者在事件可持续评估中主要关注物质和自然环境方面，这种环境讨论也应该努力解决社会、文化维度和经济维度的可持续性。这意味着事件组织者和管理者面临着日益增长的复杂问题，例如，在事件的经济、环境和社会影响之间的权衡；在一个领域的损失如何通过其他方面弥补。

第二节　事件环境影响研究方法

目前评估事件环境影响常用的方法有两种：第一种方法是环境投入产出模型（Environmental Input-Output Modelling，ENVIO），使用包括有环境部分的国家账户矩阵（National Accounting Matrices with Environmental Additions，NAMEA）；第二种方法是生态足迹法。2012 年伦敦奥运会提出“一个星球”奥运会，建议用生态足迹评估在举办该特殊事件时所使用的资源（London 2012，2005a；WWF，2006）。这两种方法有联系，例如，最近在生态足迹方法学的发展中利用了投入产出框架，即把足迹纳入产业分支和最终需求要素（Wiedmann，Minx，Barrett & Wackernagel，2006）。Collins，Jones，Munday（2009）用两种方法探讨了事件的环境影响，并在文章开始便强调其讨论的方法是不全面的，他们认为这只是更全面可持续性评估的一部分。

一、环境投入产出分析法及其运用

投入产出分析在政策制定方面有很长的历史，是通过里昂惕夫矩阵评估新增（损失）经济活动的间接经济结果的相对简单的方法（Leontief，1970）。近年来，很多国家和地区账户（以投入产出形式）已经通过添加卫星账户得以修订。卫星账户能够使最初隐藏在更宽泛产业内的功能定义显示更多的国民账户细节（OECD et al.，2001；Office for National Statistics，2002），进一步加强了投入产出框架政策模型的能力。环境卫星账户（NAMEA）把环境账户与经济账户相联系（de Haan & Keuning，1996；OECD，2004），把投入产出分析与环境信息结合起来，能够更好地理解与事件相关的消费需求的外部性。完整的环境投入产出法力图探讨经济和环境之间的系列转换。

很明显，这种方法需要完整的投入产出表以及由于产业生产所产生的外部性的准确信息。在这些条件下，排放量和产业所使用的自然资源量的信息可以与投入产出模型一起估计，如产业最终需求和消费模式的变化所引起的直接和间接的污染量。该框架中一个产业的生产与另一个产业的污染相联系。

投入产出法长期被用于估计游客的经济影响，虽然环境投入产出模型的基本原则得到了很好的发展，但是把旅游和环境卫星账户联系在一起还是非常新鲜的。Patterson & McDonald（2004）在新西兰使用该方法来研究旅游活动对环境结果的影响。同样，可用的投入产出框架在环境方面的延伸可用于确定游客的环境影响。技巧是简单易懂的，遵循标准程序，事件新增的（地区的或国家的）经济需求在对称交换矩阵里（symmetrical transactions matrix）可以作为某产业（或商品）的直接新增产出（Miller & Blair，1985）。全部（直接和间接）的产出增加值可以被分解，以此来估计总增加值或收入的影响和产出与就业的比率（Jones & Munday，2004）。环境投入产出框架可以评估生产过程对环境关键指标的影响，如给出影响的经济产出与大气排放、后工业废弃物和水利用之间的比率（REWARD，2003）。这样，事件对环境的影响可以使用和经济影响相似的方法来计算。

除了环境账户结构之外，环境投入产出框架在使用范围方面也存在限制。环境账户涵盖指定经济体内活动的排放、资源使用、环境影响。很多在环境领域重要的政策变量具有全球影响（碳排放是第一位的），最好采用这个刻度来衡量。受事件刺激的经济活动对其他经济体的环境结果也有某些影响（例如，通过国际供应链），追踪这些影响需要一个相当复杂的物质流和服务流的账户。更重要的是，事件可能会使发生在经济影响之后的环境影响完全发生在所指定的经济体之外。例如，悉尼奥运会组织者成功地使用公共交通解决几乎所有的抵离奥运会场馆的问题，但这对国际游客怎样到达澳大利亚（几乎都是通过飞机）并没有影响。如果观众在进入指定区域之前需要购买旅游车票或给私家车加油的话，同样的问题在地区层面也会发生。

没有引起指定经济的需求增长但却具有环境影响的任何事件活动必须独立说明。用环境投入产出法研究重大事件的环境影响只能给出部分答案，它需要补充性分析，如追踪经济需求和指定经济体之外的结果影响，可以使用在地理层面更广的账户和地区间或多地区投入产出分析（Miller & Blair，1985）。然而，由于其便于操作、成本低、具有详细的产业细分结果以及在不同事件之间具有可比性，在重大事件评估中还是值得考虑使用这种方法的。

因为投入产出账户用于政策模型受很多假设和方法的限制，所以很多在重大事件分析背景中是有问题的（Miller & Blair，1985；Jones & Munday，2004）。尽管有这些问题，投入产出法和相关的乘数技巧仍是评估事件整体（直接和间接）经济结果的最常用方法。这里，假设的限制被很多突出的优势所抵消。最主要的，投入产出法与更复杂的方法相比（可计算一般均衡模型），相对来说更加透明且成本低（Madden，1998）。在财务单位报告的明细的经济框架意味着环境影响评估与经济影响评估可以并行，更多地依赖于同样的数据库和模型程序——环境影响评估。另外，国家投入产出表的地区化方面有很丰富的经验，使还没有发展好经济账户或宏观经济模型的地区可以采用这些方法（Miller & Blair，1985）。最近，一些国家和地区账户（以投入产出形式）通过增加卫星账户得到了很好的修正。

二、生态足迹（ecological footprint）研究法

生态足迹法（Ecological Footprint Analysis）在20世纪90年代初由加拿大大不列颠哥伦比亚大学规划与资源生态学教授里斯（Willian E.Rees）提出。生态足迹也称“生态占用”，是指特定数量人群按照某一种生活方式所消费的、自然生态系统提供的各种商品和服务功能，以及在这一过程中所产生的废弃物需要环境（生态系统）吸纳，并以生物生产性土地（或水域）面积来表示的一种可操作的定量方法。它显示在现有技术条件下，指定的人口单位内（一个人、一个城市、一个国家或全人类）需要多少具备生物生产力的土地和水域来生产所需资源和吸纳所衍生的废物。生态足迹通过测定现今人类为了维持自身生存而利用自然的量来评估人类对生态系统的影响。它的应用意义是：通过生态足迹需求与自然生态系统的承载力（亦称生态足迹供给）进行比较即可以定量的判断某一国家或地区目前可持续发展的状态，以便对未来人类生存和社会经济发展做出科学的规划和建议。

比如说，一个人的粮食消费量可以转换为生产这些粮食的所需要的耕地面积，他所排放的CO_2总量可以转换成吸收这些CO_2所需要的森林、草地或农田的面积。因此它可以形象地被理解成一只负载着人类和人类所创造的城市、工厂、铁路、农田……的巨脚踏在地球上时留下的脚印大小。它的值越高，人类对生态的破坏就越严重。生态足迹将每个人消耗的资源折合成为全球统一的、具有生产力的地域面积，通过计算区域生态足迹总供给与总需求之间的差值——生态赤字或生态盈余，准确地反映了不同区域对于全球生态环境现状的贡献。生态足迹既能够反映出个人或地区的资源消耗强度，又能够反映出区域的资源供给能力和资源消耗总量，也揭示了人类持续生存的生态阈值。它通过相同的单位比较人类的需求和自然界的供给，使可持续发展的衡量真正具有区域可比性，评估的结果清楚地表明在所分析的每一个时空尺度上。

生态足迹作为资源消费全球生态影响的综合指标，大体像GDP作为财务经济维度的代表一样（Wackernagel & Rees，1995）。足迹用标准化面积单位来衡量，就像全球通用的单位公顷一样。很明显，该程序能够整合不同质量的土地和海洋的生态生产能力，综合成世界生态能力。这里，根据不同土地生态生产力等同化因素将不同质量的土地标准化。一公顷最好质量的牧场的生产能力是全球平均公顷土地生产能力的很多倍。Lewan & Simmons（2001）通过一个有用的类比说明了该技巧的局限性，“足迹法和量体重差不多。你发现自己有多重，与你的理想体重有多大差距，但是量体重的过程并没有告诉你怎样减肥。然而，你可以推测出如果你做一些锻炼，并减少一些高热食物，那么你就会减轻一些

体重”。

这种方法的优势在于：第一，可以评估事件的全球环境影响；第二，使用与评估多种形式经济活动一致的方法。然而，虽然环境影响的单一衡量（理论上的全球公顷）具有清晰和一致的优点，但数据产生需要很多假设，而这些假设对于政策制定者来说并不总是清晰的。当然，也需要考虑该方法的一些局限性。Wiedmann et al.（2006）表明尽管生态足迹方法的进步和普遍被使用，但它还是因为没能反映消费活动的全部影响以及没能为政策制定提供足够信息而饱受质疑。Wiedmann et al.（2006）把足迹和产业部门以及最终消费种类结合在一起，这样可以解决部分上面提到的问题。然而，用于联系生产和消费与理论上的全球土地面积的计算式在恰当性和合适性方面还存在很多问题（Ferng，2002；Lenzen & Murray，2001；Van den Bergh & Verbruggen，1999）。另外，McGregor，Swales & Turner（2004）认为该方法没有正确分配负面影响的责任。

三、投入产出法和生态足迹法的结合

Wiedmann et al.（2006）展示了一种方法，可以提供生态足迹在不同产业部门、最终消费种类、分地区和不同社会经济组织中的分解信息。这种方法是用投入产出表把足迹分解到不同种类中。这种方法的发展使足迹评估有了更大的一致性，足迹结果为可持续消费模式的不同情景发展和政策形成提供了质量更高的信息。该方法能将生态足迹分配到不同的最终消费种类中，能够更好地提升消费者责任。该方法也意味着足迹法可以很容易地在不同水平地区进行估计。

两种方法是互补的。例如，环境投入产出方法可以评估事件对国内环境的影响，而生态足迹则可评估全球影响。两种方法论有联系，投入产出表可以列出生态足迹在消费种类和部门之间的分布。还需注意的是两种方法所用的数据是可以结合在一起的，生态足迹分析需要事件相关消费换算成物理术语，而环境投入产出分析需要物理消费信息。

很明显，理解事件的环境含义，还有其他一系列的选择，如生命周期分析、成本收益分析，还有一些过程及程序工具，如国际标准组织（ISO）认证、环境管理系统。

第三节　案例分析——足协杯总决赛

Collins et al.（2007）以 2004 足协杯总决赛为例，用生态足迹法研究了该事件的环境影响。该研究第一次提供了重大体育事件游客消费模式的详细信息，

以及对全球生态影响的衡量。在 Collins et al.（2007）的研究中可以找到足迹估计计算的详细过程和信息。

一、足协杯总决赛的足迹

足协杯总决赛的生态足迹是根据组成法计算的，需要对游客旅行支出、餐饮消费、事件基础设施以及事件中所产生的废弃物的信息进行分析。考虑到这些领域的消费，所估计的事件足迹大概 3000 公顷（gha），或者是每人 0.0422（gha）。然而，有必要考虑另一种情形，即如果游客只是呆在家中，只有正常的消费活动，那么游客参加事件的旅行所增加的消费大概有 2700 公顷或者每人 0.037（gha）。总之，游客参加事件所产生的总体的足迹效应比该游客只呆在家中进行日常消费活动的足迹效应大概多 7 倍。生态足迹的最大推动力是与游客消费模式相关的消费。与事件相关的旅游约占全部足迹的 54%，其中汽车旅行约占三分之二；然后是餐饮消费，产生 1 413（gha）个单位的足迹。事件场馆基础设施消费相对来说足迹较少（每个事件大概 0.10（gha）)，这是因为体育场馆按照在其超过 100 年的生命周期所举办的所有事件进行分配；事件所产生的废弃物以及废弃物的处理一共产生了 146（gha）的足迹或每人 0.002（gha）。该研究只计算解释了四种足迹构成（旅行、餐饮、事件基础设施和废弃物）。

生态足迹方法的构成对于非专业人士来说很难理解，但该分析提供了一种能让事件赞助者知道什么负面外部性最大，应该在哪集中资源减轻影响的方法。重要的是，生态分析不仅分析事件的国内影响，而是把事件相关消费在更广的国际层面来研究。

在 2007 年总决赛中，组织者积极地鼓励“粉丝”不要自己开车。场馆组织者也在球场使用传感器防止过度使用水资源以及清洁系统，清洁系统要使用大约一半水资源。场馆也把目标定位为：至少 50%废弃物得到循环，全部电力来源于可再生能源（Randerson，2007）。

二、生态足迹法的问题

1. 数据采集困难

采用足迹分析法很难获得所需数据。游客（和事件赞助商）经常谈到消费额，而不是准备参加事件过程中所使用物品的物理数量。在事件环境影响研究中需要面对面地对游客进行调研，还需对出售商品和提供服务的商家进行调研，以及对当地政府部门官员访谈以获得和事件相关的废弃物水平的相关信息。即使对于持续一天的而且人口和地理统计特征很好的活动来说，这也是一项非常复杂的任务。Gö ssling et al.（2002）在为塞舌尔（Seychelles）发展生态足迹方法时讨论了这种数据问题。他们指出，虽然足迹概念对于制定政策很有帮助，但由于生态足迹法需要根据消费和生物产量数字等详细的统计信息，这使得方法难以运用。他们在塞舌尔案例中指出，由于统计基础薄弱、缺乏透明以及关键人员不愿合作，很难获得研究所需数据。

2. 确定足迹责任分配

确定旅游环境影响的责任以及如何在能源来源国以及事件举办地之间分配这种责任是非常重要的。这对于足协杯总决赛来说可能不是太大问题，因为来参加赛事的游客乘飞机的较少，但对于一些可以吸引大量国际游客和参与者的大型事件来说就是非常重要的。生态足迹法有个前提假设，即全球资源必须平均分配。很明显，平均分配未必是合理的，因为由于当地环境条件，有些人也许需要更多的份额来维持消费的水平。在这些情况下，强调当地条件的环境影响评估就起到了补充的作用（Gö ssling et al.，2002），足迹分析可提供对全球环境可持续性的预见力。

3. 数据信息时滞性

对于足协杯总决赛案例来说，需要大量的时间来分析原始数据，所以只有在事件结束一段时间后，事件组织者才能获得此数据。虽然这可以为下一轮事件提供信息，但采用这种技巧用于事件策划还是多了额外的限制。这些类型的问题在周期长的大型活动中表现得更加严重。

第四节 总结

大型事件不仅对举办地有重要的经济、社会文化、旅游影响，还会对举办地之外产生环境影响。随着人们对环境的关注增加，事件组织者逐渐开始使用更具有可持续性的程序和措施，如鼓励游客在参加事件时或使用公共交通或者采用环境友好型的建筑材料和方式，但目前还没有方法能够评估其降低环境影响的整体效果。由于事件是相当不连续的活动，检验所有与事件相关消费的环境结果是非常困难的。事实上，考虑事件相关消费所有因素的成本是非常高的。事件环境分析需要大量的资源和专业技术，或者依靠部分组织者，或者由第三方来做。因此，小型活动不太适合或不太可能做环境评估。

目前，对于重大事件环境影响评估的整体的和一致性的方法还没有。本章介绍了两种评估事件环境影响的方法：环境投入产出法和生态足迹法。体育事件环境账户不仅可以估计已经有很好研究基础的变量，如碳排放和废弃物，还可以表明举办事件在哪个方面产生了最重要的影响，这样就可以帮助政策制定以减轻环境影响。生态足迹寻求解释地球可利用资源的消费，足迹法提供快速估计生态能力供给和需求的方法。生态足迹法估计了与“呆在家中”相比事件增加的边际足迹。理论上讲，更加有说服力的模型应该包括在不同娱乐活动之间的替代。两种方法可以评估事件游客消费所产生的环境影响，可以引导游客采用不同的消费模式，以更好地降低事件对环境的不利影响。

虽然事件环境影响非常重要，但从环境的角度来看，事件对环境所产生的全部影响（全球和当地的）只有很少一部分被评估和最小化了。事实上，我们只是近些年才开始关注事件的环境影响，对事件环境影响的研究还处于非常初级的阶段，未来研究应该在这一领域有所加强和创新。

附件 5-1　旅游卫星账户和环境卫星账户

一、旅游卫星账户

旅游卫星账户（Tourism Satellite Account，TSA）是当前联合国和世界旅游组织等国际机构积极推广的一种测度旅游业经济影响的方法体系。旅游卫星账户作为一种新型、权威、有效的衡量工具应运而生，成为世界旅游组织和联合国统计委员会推选的国际标准，并成为各国政府部门制定旅游经济发展政策的有力工具。20 世纪 90 年代中期，旅游卫星账户核算方法一经出现就受到了世界有关经济学家和统计学界的推崇。2000 年 3 月联合国统计委员会正式批准了世界旅游组织提交的《旅游附属账户：建议的方法框架》(简称“框架”)。

旅游卫星账户又称为旅游附属账户，是一种宏观统计计量方法。它是以国民经济核算为统计基础，按照国际统一的国民账户的概念和分类标准，在国民经济核算总账户下所单独设立的一个子系统。通过编制这一账户可以把由于旅游消费而引发的国民经济各行业中的直接和间接的旅游产出，从相关行业中分离出来单独进行核算，从而达到在国际统一的统计框架下对旅游经济进行全面测量和分析比较的目的。

旅游卫星账户区别于传统的旅游统计体系，为各旅游发展国家提供了一个国际统一标准的计量方法，不仅大大提高了旅游统计数据的可信度和区域间的可比性，还能够准确全面地测度旅游经济在整个国民经济中的地位和作用，实现国际间的可比和对旅游业经济影响的量化分析。

二、环境卫星账户

随着可持续发展思想的影响和作用的扩展，从国民经济账户（SNA）过渡到环境经济综合核算体系成为一个客观必然的发展要求，但在人们对环境综合核算的理论基础和货币化方法仍未达成共识的情况下，这一过渡还不可能在短期内实现。沿用多年的SNA体系，至今已历经四次重大修改，积累了丰富的数据资料和实践经验，目前仍为世界各国所普遍采用。

为把环境核算纳入国民核算体系中去，以便能为各国提供一种可操作的方案，从1989年起，联合国统计委员会组织一大批专家学者共同开发了环境经济综合核算体系（System of Integrated Environmental and Economic Accounting，SEEA），在SEEA成为国际标准之前，SEEA被设计为一个与经济账户平行的资源环境“卫星账户”（Satellite accounts）体系，即在保持原有核算体系和GDP指标的同时单独给出资源环境因素变化的实际状况，并在资源环境状况与经济核算间建立有效的联系，以不断探索环境核算的理论和方法，寻求逐步向新核算体系过渡的途径并最终取代现有的旧核算体系。合作研究提出了“环境经济综合核算的SNA框架”和“环境卫星账户的SNA框架”，其目的是将环境数据资料结合到现行的SNA中，同时又不对后者的核算作任何概念性改变，联合国统计署把这一过渡性方案称之为“考虑环境调整的经济核算体系”（SEAA）。

“包括环境核算的国民经济矩阵”（National Accounting Matrix including Environmental Accounts，NAMEA）方法产生于1991年，它根据荷兰统计局克宁提出的理论，将实物量核算的环境数据与国民核算体系联系在一起，综合形成一个矩阵表，构成NAMEA体系，以反映资源环境状况与国民经济活动的相互联系。最初设计包括完整的国民流量账户体系，该体系包括一组完整的收入分配和使用账户、积累账户和资产负债账户。不仅反映污染物的排放和自然资源的开采，而且反映它们的效应。现在的NAMEA大体上保持了原来的模式。它是一个由三个环境账户扩展的传统国民核算矩阵，一是物质账户，二是全球环境主题账户，三是国家环境主题账户。这些账户提供实物量环境信息。环境主题与国家环境政策确定的环境主题一致。全球环境主题包括温室效应和臭氧层耗减，而国家环境主题涵盖酸化、废物和自然资源的耗损。随着可获取新的信息（如有毒物质的扩散、噪音的损害）进一步增加，环境主题的范围也会得到扩展。在矩阵体系中，NAMEA的其余部分反映众所周知的国民经济账户流量。NAMEA的分析可使政策制定者易于观测每一个产业对GDP的贡献，全面考察一定时期内经济与环境指标的年度变化状况。NAMEA提供的核算框架中包括广泛的总量与分量环境信息。

第六章　居民对事件感知及支持度研究

【内容摘要】

事件（尤其是大型事件）会在经济、社会文化、旅游形象、环境、心理和政治等多方面对举办地产生正面或负面的影响。举办大型事件（如奥运会）需要举办地人力、物力和财力的大量投资，对举办地政府财政支持的巨大需求将增加对当地企业和居民的税收依赖，因此成功举办大型事件必须要了解居民对事件的态度和感知，并争取获得举办地居民的大力支持。本章首先讲述了居民对事件感知研究的意义、内容，然后着重讲述了居民对事件支持度及其影响因素，最后以 2008 年北京奥运会为例，进一步研究居民对事件支持度的影响因素。

第一节　居民对事件感知研究

一、研究居民对事件感知的意义

举办人型活动可以给举办地带来经济、社会、旅游、形象、环境、心理、政治等很多影响，但并不是每项影响都是正面的，也不是所有的社区成员都能平均地分享收益或承担成本（Getz，1991；Hall，1992）。不幸的是，由于争办这些大型事件竞争十分激烈，所以政治家和相关组织者经常忽略负面影响而夸大正面影响。在大型事件之前，居民根据国家媒体和政府机构所提供的外部信息与个体因素（如居民个人知识、价值和相似事件的过去体验）形成对事件的最初感知，社区内可能从举办事件获得最大收益的居民比那些获得较少收益或者没有收益的居民更支持大型事件（Perdue，Long & Allen 1990；Ritchie，1988）。根据社会代表理论（Moscovici，1982），当地居民会根据其个人的价值体系和体验形成他们自己的预先概念和形象。评估当地居民的支持度、反对度水平对于预先判断居民对当地政府、政策制定者和商业的支持、反对是非常重要的（Haxton 1993；Hernandez，Cohen & Garcia，1996）。

虽然大型体育事件可能对举办国家和地区的积极形象有极大的促进作用，但政策制定者（包括国家政府和举办城市政府）应该理解居民可能更关心他们个人的经济收益，如额外收入、游客消费所带来的新增就业有多少等等（Crompton，Var & Lee，1998）。居民对潜在的收益和成本的关注会鼓励决策者在决策过程中提高居民参与水平（Haxton，1999）。传统来说，大型事件决策需要政治为主导的决策方法（Roche，1994）。最近，在大型事件决策过程中出现了更民主的方法，可以将技术合理性和参与民主性结合起来（Getz，1991；Haxton 1999；Jafari，1990）。Haxton（1999）认为更加民主的方法很难执行，因此很少被采用，或者只是名义上被采用。对期望收益和成本的公开讨论和居民的广泛参与可能会对如何降低负面影响并增加收益形成一致意见。这个过程需要摒弃传统的政治决策方法，而采用更加民主决策的模型。

在事前对居民感知做调查可以帮助政府和当局在事前确定居民所关心和期望的，这样就可以更快更好地解决问题，而对事后感知变化的研究可用来评估事件运营是否成功。一旦竞标成功，所有利益相关者的参与和支持是非常重要的，不管他们之前是什么态度。因此对于当地政府、政策制定者和组织者来说，理解居民对大型事件的感知及其支持或反对的原因是非常重要的。

二、居民对事件感知研究的主要内容

大量研究已检验了居民对特殊事件的感知，这些研究主要关注：衡量居民对事件影响的感知、探索影响居民感知的基本因素、检验社区不同群体的态度区别。

1. 衡量居民对事件感知的研究

Ritchie 等人连续七次（六次事前调查和一次事后调查）研究了卡尔加里（Calgary）居民对 1988 年第 15 届卡尔加里冬奥会的感知，这是居民对大型活动感知研究的重要文献（Ritchie & Lyons，1990），研究中所确定的奥林巴斯（Olympulse）监测体系成为该领域其他研究的基础（Mihalik & Simonetta，1999；Waitt，2003；Deccio & Baloglu，2002；Gursoy & Kendall，2006）。研究表明居民对卡尔加里冬奥会的支持率一直很高，从 1983 年的 84.7%增加到 1988 年的 97.8%。而期望参加事件的比例在 1983 年为 87.9%，一直降到事件前的 47.2%，实际参加率为 55%。居民感知的变化是对筹备冬奥会的四个组织的积极感知的增长，以及对举办事件的体验和效果的积极感知的增长（Ritchie & Lyons，1990）。

Soutar & McLeod（1993）检验了在澳大利亚弗里曼特尔（Fremantle）举办的美国杯事前和事后居民态度的变化。三项对居民感知的调研分别发生在 1985 年 6 月、1986 年 3 月、1987 年 3 月。研究检验了居民对期望的和实际的影响感知，并调查了时间段内居民期望变化。Soutar & McLeod（1993）发现居民对事件积极和消极影响的期望在事前比事后更极端。两项事前调研中的居民感知相似，但与事后调研不同。研究表明，根据居民感知，美国杯确实提升了弗里曼特尔居民的生活质量，并对未来的城市经济有显著的长期影响。居民对美国杯有积极感知，大部分居民希望在未来能够有另一种类型事件在弗里曼特尔举行。这种积极感知主要是因为事件中建设的基础设施大部分都作为一般社区设施而使用，而不是作为事件特殊设施而使用。

Jeong（1998）检验了居民对在韩国大田（Daejeon）举办的国际科技博览会的影响感知，并通过因子分析法把 25 个项目综合成六个维度：积极的城市发展影响、积极的旅游发展影响、消极的社会经济影响、积极的宏观层面的公共关系影响、积极的娱乐影响、消极的经济环境影响。25 个感知影响项目的分析结果表明，被调查者相信筹备举办世界科技博览会促进了城市发展，并提高了举办城市的形象，同时科技博览会使房地产和娱乐业成本上升、公寓过度供给并产生了漏出效应。

Fredline & Faulkner（1998）研究表明澳大利亚黄金海岸居民认识到印地方程式赛（Indy car race）的旅游收益，也认识到其负面影响，对该项赛事继续在该地举办的支持度很高（88.5%）。该研究使用 36 个项目来研究居民对该事件的反应，并确定了六个因子来解释事件的积极和消极影响。Fredline & Faulkner（2002a，2002b）发现对在同一地点（黄金海岸和墨尔本）继续举办摩托赛的整体支持率为 65%，并用聚类分析法把居民分为三类不同群体：具有积极感知的居民、具有消极感知的居民、具有矛盾感知的居民。

Frater & Mihalik（1999）在亚特兰大奥运会前后做了对比研究，发现在奥运会前亚特兰大居民对奥运会的支持度一直很高，在奥运会之后支持度变得更高。在两点时间框架上的其他统计上显著变化包括：对“由于事件居民自豪感增加”的观点的支持度增加，对“经济收益将增加”的观点的支持度降低。

Mihalik & Simonetta（1999）针对 1996 年亚特兰大奥运会居民感知做了六次调研，调研的内容主要包括：居民参与度、居民支持度、居民感知收益、居民感知成本（详细调查问卷见附件 6-1）。第一，居民参与度。调研表明乔治亚（Georgia）居民计划参加 1996 年亚特兰大奥运会的比例从 1992 年 6 月开始稳步下降，这与 Ritchie 对卡尔加里冬奥会的系列研究结论相似。原因是：刚开始调研是在亚特兰大刚刚获得 1996 年奥运会的举办权，而且奥运会门票价格还没有公布的时候，乔治亚居民还是期望参加 1996 年夏季奥运会的。而 1993 年冬季的调研中，居民参加奥运会意愿出现了大幅下降，这可能是因为居民已经感受到事件的负面影响，或者已经得知奥运门票的价格（很多热门运动价格高昂），这些都降低了居民参加奥运会的意愿。第二，居民支持度。这一问题将在

第二节单独介绍。第三，居民感知收益。乔治亚居民认为国际认可是奥运会带来的最大收益，然后是乔治亚形象提升、居民自豪感提升以及旅游和经济收益增加。而受到普遍关注的、并且受到亚特兰大奥组委财务资源支持的奥运会设施发展在所有调查中却是居民认为获益最少的因素。从1993年到1995年，居民对奥运会的正面影响感知降低。第四，居民感知成本。乔治亚居民认为交通拥堵是最大的成本，然后是价格上升、法律执行压力和犯罪增加。从1993年到1995年，居民对奥运会负面影响的感知增加。Mihalik & Simonetta（1999）研究表明，乔治亚居民一直认为无形收益大于经济收益，这使奥组委认识到应该（尤其在竞标时）增加对“奥运会能提高国际认可和社区居民自豪感”这一观点的宣传和推广，以便在花费巨额资金建设奥运基础设施时能够获得居民支持。另外，由于随着时间的推进，居民感知收益逐渐减少而感知成本逐渐增加，所以奥组委应该尽可能在早期确定奥运会建设项目所需资金。如果奥运会主要场馆和社区基础设施改善的融资被延误，很可能在之后的时间里遭遇居民不断增加的反对。

根据社会交换理论，Waitt（2003）调查了从1998年3月到2000年9月居民对2000年悉尼奥运会的热情。奥运会期间与1998年的调研相比，以下几个项目有更高程度的感知：愿意在悉尼奥运会当志愿者、悉尼奥运会强化了社区精神、在悉尼和澳大利亚的自豪感、激动的感觉。结果表明，那些有孩子的、不说英文的、认为事件经济收益大于成本的家庭在奥运会期间热情最高。相比于1998年3月的调研，2000年奥运会期间被调查者中认为“税收增加”和“生活成本增加”的人数出现了下降，而且能够感知到积极经济影响的被调查者变少。总体来说，被调查者对经济影响最开始的较高期望在奥运会期间出现了下降。

Twynam & Johnston（2004）检验了居民对1995年3月在加拿大雷湾（Thunder Bay）举办的诺丁克世界锦标赛（Nordic World Championships）的感知，目的有两个：一是评估居民在几个关键方面的态度，如事件支持度、对事件的兴趣、出席率、准备度感知、当地服务和设施的感知效果、举办事件的旅游效果；二是检验在一段时间内居民对事件态度和反应的变化。Twynam & Johnston（2004）在事前、事中、事后做了三次调查，相比于后两次调查，在事前的被调查者更关注负面影响，如停车、饭店、酒店和购物区域，对卫生条件改善有更积极的期望。事前感知根据的是期望，而其他两次调研的居民感知根据的是实际体验。这个区别说明了发展阶段会影响居民感知，因而有必要做系列研究来判断居民感知。居民对衡量尺度的反应进一步证实了居民对举办事件影响的感知与事件发展阶段相关。虽然有八个项目在三组调查中没有明显区别，但其他项目都在一组或两组对比中表现出差别。第一组被调查者期望有更多的娱乐机会，并认为事件会增加道路和桥梁的拥挤，第二组被调查者相信事件对社区精神有积极影响，这种收益大于成本，第三组被调查者更倾向于关注事件给城市留下的负面形象，并不认为事件有其潜在的收益。这些区别意味着第一组被调查者更关注积极的和消极的旅游影响，第二组被调查者则对事件有一个全面的积极感知，第三组被调查者则有更加负面的感知。

Kima & Petrickb（2005）对比了两个时间点上的居民态度，发现“我感知到爱国主义和集体主义”和“我将愿意参加未来的全球体育事件”这两个项目的居民感知在赛后降低。

Kima，Gursoya & Leeb（2006）研究了居民对 2002 年世界杯对其社区影响的感知，并对比两个时间点之间居民感知准确的变化。在每个维度都发现了重大区别。这几个维度主要包括：文化交流的收益、社会问题、经济收益、自然资源和文化发展、交通拥堵和污染、价格上涨、建筑成本。虽然文化交流、自然资源和文化发展是令人满意的，但经济收益却难以令人满意。社会交换理论解释了世界杯后居民所感知到较高的设施成本。由于经济收益低于预期，建筑成本在赛后突然变得很高。除了经济收益不令人满意之外，2002 年世界杯对于韩国人民来说并没有特别大的社会和文化问题。该研究的局限性在于事前和事后的数据收集只差三个月。由于大型活动通常具有长期效应（Roche，1994；Mihalik & Cummings，1995；Mihalik & Simonette，1998；Ritchie & Aitken，1985），三个月的间隔也许不能很好地衡量居民对事件感知收益的变化。

2. 影响居民事件感知的因素

Cegielski & Mules（2002）确定了影响居民感知的四个内在变量：事件中就业、对事件的兴趣、居民与事件的邻近度、事件参与度。Cegielski & Mules（2002）对超级赛车（supercar race）的研究发现那些参加事件并对体育感兴趣的人们有更多正面感知，而那些居住在邻近赛事地区的人们对事件有更多的负面感知。诸如邻近度、参与度和人口统计特征等因素在多个研究中被确定为影响居民对旅游发展和事件态度的因素（Fredline & Faulkner，1988，2000）。

Twynam & Johnston（2004）研究表明发展阶段作为外生因素会影响居民对事件的体验。事件之后，个体可根据实际体验而不是期望感知事件，事件的实际体验很明显会影响居民对各种服务和设施的感知。在事件实际发生期间对事件的评估不能揭示事件影响和居民感知的全貌，因此需要研究事件对举办地居民的长期影响，以提供对事件影响的更清晰的理解。很多特殊事件研究意识到需要检验与事件发展和社区变化相关的准确的社区态度变化，试图研究一段时间居民态度的变化。这种方法可以用于一次性事件和复发性事件。从确定举办事件开始一直到事件结束之后，对事件感知做规律性的评估可以提供更加准确和有用的信息（Ritchie & Lyons，1987）。McDonnell（1999）也认为研究事件对当地社区的长期影响可以提供更充足的信息。而前面提到的研究大多是在一段时间内选择多个时间点调查居民对事件的态度。

3. 不同群体的事件影响感知研究

事件组织者不仅需要考虑事件对社区的整体影响，还需要考虑事件对不同群体的影响（Fredline & Faulkner，2002a）。Delamere（2001）& Delamere et al.（2001）研究了事件对举办地社会影响的衡量刻度，并指出事件组织者应该关注与特定社区群体相关的成本。Cegielski & Mules（2002）支持这一观点。

Jeong（1998）研究表明人口统计特征不同的被调查者对于博览会的积极影响感知有显著不同，如不同年龄的人对博览会"提高当地餐饮的卫生水平"、"改善交通问题"感知有显著不同。同时，不同年龄的被调查者对负面影响感知也有显著不同。

Frater & Mihalik（1999）也发现在男女调查者之间存在区别，并建议未来研究关注人口统计特征变量。

Kima & Petrickb（2005）研究了具有不同人口统计特征的居民对2002年世界杯的感知，并检验了居民感知在一段时间内是否稳定。因子分析法把22个正面影响项目综合成五个维度：旅游资源发展和城市重建、形象提升和团结、经济收益、对外国及其文化的兴趣、旅游基础设施发展，把9个负面影响项目综合成三个维度：负面经济影响、无序和冲突、交通拥堵问题。首尔居民对世界杯积极影响的感知度很高，并认为形象提升和团结是世界杯最大的积极影响，对负面经济影响、交通拥堵的感知度较高，但认为"无序和冲突"并不是太大问题。Kima & Petrickb（2005）研究认为年轻人对世界杯负面影响有更强的感知。二十多岁和五十多岁的人对国际体育赛事和外国文化更感兴趣，通过世界杯体验了更强烈的爱国主义和团结主义。同时，这两个年龄段的被调查者在未来国际体育事件中有更高的意愿成为志愿者，并相信世界杯能使韩国更和谐。二十多岁的人有更高的意愿到下次世界杯举办国去旅游。相比于男性，女性对2002年世界杯有更高水平的感知，例如，通过世界杯，女性群体表示她们对国际体育赛事和外国文化有更多的兴趣。同时，女性表示她们意识到爱国主义和集体主义，并表现出更强的意愿在未来全球体育赛事中充当志愿者。根据不同职业的居民对世界杯影响的观点对比发现，家庭主妇对积极影响有较高程度的感知，而对负面影响有较低程度感知，这意味着家庭主妇可能是世界杯最大的受益者。

第二节　居民对事件支持度及其影响因素

一、研究居民对事件支持度的意义

举办大型活动（如奥运会）需要举办地人力、物力和财力的大量投资。国际奥委会（IOC）对举办地政府财政支持的巨大需求将增加当地企业和居民的税收依赖（Mihalik & Simonetta，1999），因此成功举办奥运会必须获取举办地居民的大力支持。国际奥委会认识到居民对奥运会支持的重要性，把居民对奥运会支持度作为评估竞标城市最关键的工具之一，并在评选每个候选城市时都会做秘密调查以确定居民支持度水平（IOC，2007）。大型活动如果不能获得举办地居民的支持，将可能出现比赛地点转移的风险，例如，1976 年冬奥会就是因为缺乏当地居民支持而从美国的丹佛（Denver）转移到奥地利的因斯布鲁克（Innsbruck）举办（Ritchie & Lyons，1987）。Gursoy & Kendall（2006）建议政治家在计划举办奥运会时应考虑居民支持度问题，主要是因为：第一，举办地居民有权投票举办城市是否应该为奥运会增加税收；第二，由于奥运会游客会与举办地居民有接触或交谈，因此当地居民态度是游客对事件感知的关键决定因素；第三，当地居民的支持和参与将会延长奥运会对举办地积极影响的时间。可见，研究居民对大型活动支持度的影响因素、提高居民支持水平对于成功举办大型活动非常重要。

居民对大型活动支持度研究近年来已经引起国外学者的重视，很多学者认为大型活动支持度研究与居民对大型活动影响感知研究同样重要（Andersson，Rustadm & Solberg，2004；Mihalik & Simonetta，1999；Ritchie & Lyons，1987；Twynam & Johnston，2004；Waitt，2001）。虽然居民支持度和居民感知关系密切，有些文献直接把支持度作为居民感知的一个重要指标来研究（Ritchie & Lyons，1987；Mihalik & Simonetta，1999），但支持度并不等同于居民感知。国内很多学者对大型事件的研究主要关注居民对事件的感知方面（许春晓、柴晓敏、付淑礼，2007；陈方英、马明、孟华，2009；郭英之、臧胜男、彭兰亚，2009a，2009b；宋振春、陈方英，2008；陈方英，2008），还没有专门研究居民对事件支持度的文献。

二、居民对大型活动的支持度的相关文献

Ritchie 对卡尔加里冬奥会的系列研究表明，居民对卡尔加里冬奥会的支持

度在研究期间虽然有所波动，但一直维持在较高水平（Ritchie & Lyons，1990）（见表 6-1）。1984 年的居民支持度比 1983 年略有增加，而 1985 年、1986 年的居民支持率则呈下降趋势，这可能是因为 1984 年的调查在第 14 届萨拉热窝（Sarajevo）冬奥会后一个月进行，卡尔加里居民尚处于兴奋状态，而 1985 年、1986 年则是冬奥会准备期，当居民意识到举办城市所需要做的大量工作，尤其是比赛基础设施的建设时，居民对比赛的兴趣度降低（Ritchie & Lyons，1987）。在比赛前一年，居民对冬奥会的支持度再度提升，而且在赛后达到了最高水平（Ritchie & Lyons，1990）。

表 6-1　居民对第 15 届卡尔加里冬奥会的支持度

调查时间	Ⅰ(1983)	Ⅱ(1984)	Ⅲ(1985)	Ⅳ(1986)	ⅤA(1987 年 3 月)	ⅤB(1987 年 10 月)	Ⅵ(1988)
支持度	84.7%	87.6%	86.6%	85.6%	88.0%	88.7%	97.8%

Mihalik & Simonetta（1999）对 1996 年亚特兰大奥运会的居民感知做了类似的研究，结果表明虽然居民对 1996 年奥运会在整体上有较高的支持度，但支持度从 1993 年开始到赛前这段期间总体上呈下降趋势（见表 6-2）。Mihalik & Simonetta（1999）认为居民开始在早期准备期间对举办奥运会有模糊的热情，而当他们逐渐认识到事件的负面影响时，支持度则有所降低。初期高水平的居民支持度随后下降，这与未来乐观理论（future optimism theory）一致（Mowen & Mowen，1991）。未来乐观理论认为当结果发生在未来，由于相对较大的收益估计，会对未来结果有乐观的估计。当结果快要在近期出现时，损失逐渐明朗并超过收益，这会导致风险规避（Mowen & Mowen，1991）。支持率下降与社会交换理论一致，因为越来越少的乔治亚居民表示愿意参加 1996 年夏季奥运会。以上文献虽然研究了居民对奥运会的支持度，但只是简单的描述性统计，并没有研究影响居民支持度的因素。

表 6-2　居民对 1996 年亚特兰大奥运会的支持度

调查时间	1992 年夏	1993 年冬	1993 年夏	1994 年冬	1994 年夏	1995 年冬
支持度	93.5%	94.7%	87.9%	90.5%	90.7%	86.8%

Deccio & Baloglu（2002）检验了在盐湖城举办 2002 年冬奥会非举办地居民的态度。作者发现 31%的居民支持举办奥运会，而 46%的居民既不支持也不反对。Deccio & Baloglu（2002）提出用社会交换模型整合影响非举办地居民对 2002 年冬奥会感知和支持的各种因素，结果表明居民对 2002 年盐湖城冬奥会的支持度受期望的机会、经济收益和资源使用的积极影响，而受生态态度的消极影响。虽然 Deccio & Baloglu（2002）的模型提供了不同变量对支持度的影

响并证明了他们之间的关系，但他们检验的是非举办地居民态度，限制了结果的运用（Gursoy & Kendall，2006）。Gursoy & Kendall（2006）用6个变量（社区依附、生态态度、社区关心、感知成本、感知收益、支持度）建立居民支持模型来研究2002年盐湖城冬奥会，是研究居民对事件支持度影响因素的最重要文献。

与特殊事件居民感知的其他研究相似，Twynam & Johnston（2004）发现举办事件的支持度水平很高，虽然没有卡尔加里和亚特兰大奥运会的研究中的支持度高。

三、居民对大型活动支持度的影响因素

1. 居民对事件的感知收益和感知成本

居民对事件的感知收益和成本是影响居民支持度的重要因素，社会交换理论认为只要居民认为期望收益大于期望成本，就会支持大型活动。大型活动往往会在几个方面都产生正面和负面的影响：经济的、旅游/商业的、物质的、社会文化的、心理和政治的（Delamere，2001；Fredline et al.，2003；Ritchie，1984）。虽然大型体育比赛是短期事件，但它们可能对举办城市或社区产生深远的影响（Hiller，1990；Roche，1994）。比如，对当地旅游的持续影响（Kang & Perdue，1994），提供增强国际宣传和认知度的机会（Jeong & Faulkner，1996），产生正面经济影响，增强对举办地的注意力（Deccio & Baloglu，2002）。Ritchie（1984）认为大型活动可以提升举办地作为国内的或国际目的地的知晓度、为潜在投资者创造新的机会、增加商业活动。一些研究者认为举办地社区居民认为积极社会影响，如社区自豪感和国际认可度与积极的经济影响一样重要或比经济影响更重要（Ritchie & Aitken，1984，1985）。Mihalik & Simonetta（1998）认为事件期间比赛设施的增加并能为日后当地居民使用也许是居民最重要的感知收益之一。居民如果相信大型活动会改善他们的娱乐设施，就会积极支持举办活动（Allen，Hafer，Long & Perdue，1993）。居民还认为大型活动会提升文化和购物机会（Jeong & Faulkner，1996）。

大型活动在带来收益的同时，也增加了成本。比如交通拥挤、法律执行限制和上升的犯罪率（Mihalik & Cummings，1995），组织者对公共资金的不当管理加深了负面经济影响（Deccio & Baloglu，2002），缺乏足够的基础设施，破坏举办地的形象并减少其吸引力（Ritchie，1984）等等。支持度下降也与增加的感知成本相关，这也可用社会交换理论来解释。显著增加的感知成本，如增加的交通拥堵、价格上涨、当地法律执行困难、犯罪增加等都削弱了居民对1996夏季奥运会的支持度（Mihalik & Simonetta，1999）。

Gursoy & Kendall（2006）认为感知收益和支持度之间有正相关关系，而感知成本和支持度之间有负相关关系，但并不显著。Gursoy & Kendall（2006）研究表明居民对大型活动支持度更多地依靠感知收益，而不是感知成本。Waitt（2003）研究 2000 年悉尼奥运会时发现大部分居民认为感知收益超过成本，并赞成为举办奥运会的公共支出作出贡献。

2. 居民对所在社区的依附度

Deccio & Baloglu（2002）发现非本地社区依附对事件的感知和支持没有显著影响。McCool & Martin（1994）研究表明高强度社区依附与正负两方面影响都有紧密联系。

3. 居民对大型活动的参与度

Gursoy & Kendall（2006）建议参与度很可能会增强大型活动对当地社区的积极影响，应研究居民参与对支持的影响，虽然这个变量并没有包括在他们的模型中。Mihalik & Simonetta（1999）认为支持率下降与社会交换理论一致，当乔治亚居民希望参加 1996 年奥运会的数字从 1992 年夏季到 1995 年冬季下降了 21%，居民对奥运会的支持度下降了。Twynam & Johnston（2004）研究确定了居民对事件的兴趣水平和出席率影响对事件的支持度。

4. 对各类组织和机构准备的感知度

Roche（1994）暗示官方领导和行政管理能力会影响民众对大型活动的支持度。Ritchie 等人研究了居民对 1988 年卡尔加里冬奥会不同组织（中央政府、省政府、市政府、奥组委）准备工作的感知，结果表明居民对举办城市和奥组委的评价是积极的，而对中央政府的打分较低（Ritchie & Lyons，1987；Ritchie & Lyons，1990；Ritchie & Aitken，1985）。虽然他们的研究是描述性统计，但说明居民对各级组织准备水平的感知可能是居民支持度的重要影响因素。Twynam & Johnston（2004）研究了居民对准备水平的感知和支持度之间的关系，结果发现居民对比赛组委会的支持度在第三次调查中显著降低，而对其他机构的支持度维持不变。他们认为支持度可能受外界因素的影响，如对不同组织或机构准备水平的感知。也就是说，如果准备水平低，那么支持度也会低。

第三节　案例分析——2008年北京奥运会居民支持度影响因素研究

一、2008年北京奥运会

第二十九届奥林匹克运动会，又称北京奥运会，于2008年8月8日在中华人民共和国首都北京开幕，2008年8月24日闭幕。主办城市是中国北京，参赛国家及地区204个，参赛运动员11 438人，设302项运动（28种运动），共有6万多名运动员、教练员和官员参加北京奥运会。

举办奥运会是中华民族的百年期盼。1908年中国人就发出了中国要参加奥运会、举办奥运会的第一声呼唤。改革开放以来，中国综合国力大大增强，政局稳定，社会安定，国家体育事业迎来了跨越式发展的新时期，举办奥运会成为可能。1991年2月底，中共中央正式批准北京申办2000年奥运会，但面临外部巨大和强大的竞争对手，北京遗憾地以2票之差失利。尽管未能获得举办权，但中国人民向国际社会表达了举办奥运会的热切期望。1998年11月，经过多方论证，中共中央批准北京申办2008年奥运会并获得成功。申奥成功，离不开首都经济社会的快速发展，离不开首都国际影响力的增强，离不开申奥委员的艰辛努力，更离不开全国人民的大力支持。自从北京宣布申办2008年奥运会以来，北京市民、全国各地和各行各业的人们以及海外华人都通过各种形式表达对北京申奥的支持。2000年5月27日，北京市民自发在王府井工美大厦立起第一块申奥倒计时牌。2001年5月28日，全球华人支持北京申奥联合委员会以“全球华人心连心，齐心协力申奥运”为主题，启动支持北京申奥系列活动。据来北京进行评估的国际奥委会评估团考察报告显示，北京在所有申办城市当中享有最高程度的民众支持率，超过94%的北京人即1 200万人支持北京申奥，全中国支持程度超过了10亿人。

二、研究方法

1. 问卷设计

本书以2008年北京奥运会为例，研究居民对大型活动支持度的影响因素，并使用调查问卷获得北京居民对2008年北京奥运会的感知和支持度。感知收益和成本的设计以相关文献为基础（Gursoy & Kendall，2006；Kim，Gursoy，& Lee，2006；Gursoy & Rutherford，2004），最终采用12个收益项目和4个成本项目。对于参与度，Kyle et al.（2004）建议5个项目，本书最终用了4个。Kyle et al.

（2003）& Kyle et al.（2004）的研究可借鉴设计衡量居民的社区依附，本书选择了 4 个项目。根据以前的研究（Ritchie & Lyons，1987，1990；Twynam & Johnston，2004），对准备工作的感知可用 4 个项目衡量。最后，Yoon，Gursoy，& Chen（2001），Gursoy & Kendall（2006）用 4 个项目衡量居民对大型活动的支持程度。

衡量标准采用 5 级李克特量法，从 1（强烈不同意）到 5（强烈同意），需要被调查者对 32 个问题打分。这主要根据以前研究旅游影响时采用 5 级李克特量法（Ereck et al.，2005；Gursoy & Kendall，2006；Gursoy & Rutherford，2004；Kim，Gursoy & Lee，2006；Twynam & Johnson，2004；Waitt，2003）。

2. 数据收集

调查时间从 2008 年 8 月 8 日到 24 日，共 17 天，即奥运会比赛期间。选择奥运会期间做调查是因为研究者假设北京居民在比赛期间比刚开始时会对奥运会和北京市有更真实的、更复杂的、不同的想法。以前对大型活动居民感知的很多研究也是在活动期间做的调查（Gursoy & Kendall，2006；Kim & Petrick，2005；Lee，Lee & Lee，2005）。

本调查对象是居住在北京的 19～70 岁的居民，调查地点包括北京城八区，即东城区、西城区、朝阳区、海淀区、宣武区、崇文区、丰台区和石景山区。由于各个城区的地理边界不规则，该研究以长安街为横轴、以天安门为原点将城八区划分为 4 个部分，即东北区、东南区、西北区、西南区，这种多地点划分的方法比简单地在一个地区随机抽样更可靠。调查者在每个部分交通要道或靠近体育场馆的人口密集区拦截 125 个居民做调查，共拦截 500 个居民。有 494 个样本可用作分析，有效率为 98.8%。其中，东北区 124 个、西北区 120 个、东南区 125 个、西南区 125 个。调查人员全部是奥运会志愿者，善于沟通交流，并在调查前经过培训。一共有 60 名调查者参与此项调查，每区 15 个。

3. 研究方法

研究采用主成分因子分析法分析综合影响居民支持度的各类因素。特征值大于 1、因子载荷和共同值大于 0.4 的指标可以包括在最终因子结构中；然后用因子分析法把支持度的 4 个指标综合成一个指标；用信度检验以确保影响因子和支持度的内部一致性；最后用斯皮尔曼（Spearman）等级相关系数来确定支持度和影响因素之间的关系。

二、结果和讨论

1. 被调查者人口统计特征

表 6-3 提供了被调查者的统计信息：46.8%是男性，53.2%是女性；大部分

被调查者处于 20～30 岁之间（52.5 %）；大部分被调查是单身（56.3%），42.4 %结婚；67.1 %的被调查者大学毕业生，37.1 %为大学生；14.4 %为服务业工人，而 10.2 %为企业员工；家庭年收入少于 9,999 美元的有 28.3 %。

问卷中包括与奥运会有关的整体性的问题，如“你是否关心奥运会赛事”，466（95.9%）个被访者回答“是”；大多数被调查者在家看比赛（78.9%），然后是公共场所（12.5%）；22.6% 被访者现在的职业与旅游或奥运会这样的活动有关，或者说 77.4%的受访者的职业与旅游无关；47.9%的被访者参加过当地政府提供的与奥运会有关的教育培训、会议，51%没有参加过；43.8%被访者表明他们直接或间接地参与奥运会赛事（如职员、志愿者、当地组委会成员），而 56.3% 的被访者没有直接或间接地参与赛事。

表 6-3　被调查者的统计特征分析（N=494）

特征	数量	%	特征	数量	%
性别			职业		
男	231	46.8	大学生/研究生	178	37.1
女	263	53.2	中外企白领	49	10.2
年龄			工人	34	7.1
10～19 岁	29	6.0	企业管理	30	6.3
20～29 岁	254	52.5	政府公务员	22	4.6
30～39 岁	75	15.5	农民	9	1.9
40～49 岁	60	12.4	退休者	36	7.5
50～59 岁	36	7.4	服务行业职工	69	14.4
60 岁以上	30	6.2	专业科技人员	12	2.5
婚姻状况			无业者	5	1.0
未婚	272	56.3	军人	4	0.8
已婚	205	42.4	其他	32	6.7
其他	6	1.2	家庭年收入		
教育水平			少于 9 999 美元	136	28.3
小学	3	.6	10 000～19 999 美元	97	20.2
初中	20	4.1	20 000～39 999 美元	73	15.2
高中	76	15.7	40 000～59 999 美元	61	12.7
技校	27	5.6	60 000～79 999 美元	53	11.1
大学以上	324	67.1	80 000～99 999 美元	21	4.4
无文化	33	6.8	100 000 美元以上	39	8.1

2. 影响因素和支持度因子分析

首先对支持度影响因素做因子分析。按照因子分析的前提要求，首先采用 Bartlett 球形检验及 KMO 取样适当性量数检验各变量观测值之间的相关性。利用 SPSS16.0 软件处理数据，KMO 的检验值为 0.896，Bartlett 球形检验相伴概率 P=0.000，说明统计数据适合做因子分析；Virmax 正交旋转后，得到 28 个指标的载荷和共同值均大于 0.4，全部可以保留，并提取 7 个公因子，方差累积贡献为 71.99%（如表 6-4 所示）。根据各因子的特征，把 7 个因子分别命名为：（1）居民对社区依附度的感知；（2）奥运会对北京形象积极影响的感知；（3）对奥运会准备度的感知；（4）对奥运会的参与程度的感知；（5）对奥运会积极经济影响的感知；（6）对奥运会积极文化影响的感知；（7）对奥运会负面影响的感知。各因子信度在 0.80～0.91 之间说明因子内部具有一致性。各因子的均值分别是 4.16，4.41，4.18，3.80，3.98，4.37，2.77。

表 6-4 居民对奥运会支持度影响因素的主成分因子分析

支持度影响因素	均值（标准差）	载荷	共同值	特征值	方差累积贡献	信度
因子 1：居民对社区依附度的感知	4.16			9.28	33.2	0.91
北京对我有着重要的意义	4.22(0.96)	0.82	0.76			
我对北京有着很深的感情	4.16(1.02)	0.88	0.84			
我对北京有着强烈的认同感	4.10(1.01)	0.80	0.77			
我觉得北京是我生活的一部分	4.17(1.02)	0.80	0.73			
因子 2：奥运会对北京形象积极影响的感知	4.41			2.68	42.73	0.87
使北京成为全国和全世界瞩目的焦点	4.58(0.83)	0.78	0.74			
提高社区的传统和价值	4.24(0.96)	0.68	0.63			
加深外人对北京市的认识	4.44(0.87)	0.80	0.78			
提高当地居民对奥运会有关活动的兴趣和参与	4.38(0.90)	0.72	0.71			
因子 3：对奥运会准备度的感知	4.18			2.54	51.81	0.88
国家各有关筹备组织把准备工作做得非常好	4.12(0.95)	0.80	0.81			
北京市政府将准备工作做得非常好	4.19(0.93)	0.82	0.82			
奥运会筹委会将准备工作做得非常好	4.39(0.80)	0.73	0.73			
北京奥运会比赛场馆和设施准备充分	4.00(1.06)	0.65	0.62			

续表

支持度影响因素	均值（标准差）	载荷	共同值	特征值	方差累积贡献	信度
因子 4：对奥运会的参与程度的感知	3.80			1.90	58.58	0.83
参与奥运会活动是我所做的最愉快的事情之一	4.09(1.07)	0.82	0.79			
参与奥运会活动是我所做的最满足的事情之一	3.93(1.07)	0.85	0.83			
参与奥运活动使我放松	3.79(1.19)	0.76	0.65			
我觉得我的大部分生活以奥运活动为中心	3.41(1.32)	0.64	0.49			
因子 5：对奥运会积极经济影响的感知	3.98			1.60	64.29	0.84
提供就业机会	3.78(1.15)	0.82	0.72			
提供投资机会	4.07(1.07)	0.84	0.79			
给当地提供更多商机	3.93(1.12)	0.81	0.71			
增加当地政府财政收入	4.14(1.02)	0.68	0.62			
因子 6：对奥运会积极文化影响的感知	4.37			1.14	68.37	0.88
更好体现当地文化	4.41(0.84)	0.71	0.73			
促进北京市区大环境的改善	4.47(0.79)	0.67	0.68			
促进当地居民的文化活动的发展	4.31(0.87)	0.77	0.81			
给当地居民和外地居民的文化交流创造机会	4.29(0.90)	0.78	0.76			
因子 7：对奥运会负面影响的感知	2.77			1.01	71.99	0.80
造成物价和服务费用上涨	3.72(1.28)	0.63	0.47			
造成犯罪率上升	2.37(1.29)	0.81	0.70			
造成交通拥挤堵塞	2.67(1.37)	0.84	0.75			
造成噪音和污染上升	2.32(1.24)	0.84	0.75			

注：采用 5 级李克特量法，1 表示强烈不同意，5 表示强烈同意。

然后对支持度做因子分析。同样利用 SPSS16.0 软件处理数据，KMO 的检验值为 0.727， Bartlett 球形检验相伴概率 P=0.000，统计数据适合做因子分析；Virmax 正交旋转后，得到 4 个支持度指标的载荷和共同值均大于 0.4，可提取 1 个公因子，方差贡献为 62.3%（如表 6-5 所示）。居民支持度的均值为 4.38。信度为 0.77 说明支持度因子内部具有一致性。

表 6-5 居民对奥运会支持度的主成分因子分析

居民对奥运会支持度	均值（标准差）	载荷	共同值	特征值	解释方差	信度
我支持为办好奥运而完善游客服务（如酒店、餐馆、娱乐、纪念品销售服务等）	4.52(0.78)	0.87	0.76	2.49	62.3	0.77
我支持为办好奥运而完善游客信息服务（如导游图、导游书、马路街道标志等）	4.60(0.73)	0.86	0.73			
我支持将北京作为奥运旅游目的地来促销（如电视上打广告、发宣传册、沿街挂宣传旗等）	4.10(1.14)	0.67	0.45			
我支持为配合奥运会而举办其他活动和户外活动	4.28(0.96)	0.74	0.55			
总均值	4.38					

注：采用 5 级李克特量法，1 表示强烈不同意，5 表示强烈同意。

3. 影响因素与居民支持度的相关性分析

运用 SPSS16.0 计算支持度和影响因素的因子值，并计算居民支持度和各影响因素之间的斯皮尔曼相关系数（见表 6-6）。结果显示居民对奥运会的支持度同居民对社区依附度的感知、奥运会对北京形象积极影响的感知、对奥运会准备度的感知、对奥运会的参与程度的感知、对奥运会积极经济影响的感知、对奥运会积极文化影响的感知等 6 个因子之间存在显著正相关关系，与对奥运会负面影响的感知呈负相关关系，但不显著。这验证了 Gursoy & Kendall（2006）的结论，即感知收益和支持度之间有正相关关系，而感知成本和支持度之间有负相关关系，但并不显著，因为居民对大型活动支持度更多地依靠感知收益，而不是成本。另外，本研究结果也验证了 Twynam & Johnston（2004）的结论，即准备水平感知低，那么支持度也会低。

表 6-6 居民支持度和影响因素的相关系数

因素	居民对奥运会的支持度	
	斯皮尔曼系数（Spearman）	双尾检验（Sig 2-tailed）
因素 1：居民对社区依附度的感知	0.195 * *	0.000
因素 2：奥运会对北京形象积极影响的感知	0.480 * *	0.000
因素 3：对奥运会准备度的感知	0.269 * *	0.000
因素 4：对奥运会的参与程度的感知	0.201 * *	0.000
因素 5：对奥运会积极经济影响的感知	0.236 * *	0.000
因素 6：对奥运会积极文化影响的感知	0.276 * *	0.000
因素 7：对奥运会负面影响的感知	-0.42	0.381

注：* * 在 0.01 的置信水平上显著。

三、结论和不足

大型活动支持度研究近年来已经引起国外学者的重视，本书以 2008 年北京奥运会为例，研究居民对大型活动支持度的影响因素。根据以上研究可得出如下结论。第一，居民对大型活动支持度受居民对大型活动感知的影响。第二，居民对大型活动支持度受居民参与度感知、社区依附感知、准备度感知、收益感知的正向显著影响。因此应大力宣传大型活动的收益、各级组织的准备水平、提高居民对大型活动的参与度、强化居民对社区的依附。第三，居民对大型活动支持度受成本感知的负向非显著影响，因此应尽可能降低大型活动对举办地的社会、经济、文化的负面影响。但大型活动的支持度更多地依靠感知收益，而不是感知成本，如果居民认为感知收益足够大，对感知成本就会有一定的承受力。第四，在众多影响因子中，奥运会对北京形象积极影响的感知与居民支持度的正向相关关系最为突出，斯皮尔曼系数为 0.48。因此，为获得居民对大型活动的支持，应着重加强大型活动对举办地形象积极影响的营销，强化居民对大型活动形象影响的感知。

目前，国外关于居民对大型活动支持度的研究刚刚起步，国内尚处于空白状态，居民对大型活动支持度的影响因素还有很大的研究空间。第一，本章只研究支持度和影响因素之间的简单相关关系，应该尝试采用适合的模型来模拟支持度和影响因素之间的关系。Gursoy & Kendall（2006）虽然建立结构方程模型研究居民支持度，但模型没有考虑居民对准备度的感知，而本研究表明居民对各类组织准备度的感知对支持度有显著正向影响，因此还需对 Gursoy & Kendall（2006）模型做进一步修证。第二，本章是针对奥运会期间特定时间点的居民支持度和影响因素研究，而居民对大型活动的支持度会随时间出现变化，因此应该加强纵向研究。前面关于 1988 年卡尔加里冬奥会和 1996 年亚特兰大奥运会的支持度研究虽然是纵向研究，但没有研究支持度与影响因素之间的关系。第三，本章总结了 7 个影响居民支持度的因素，应继续研究其他影响居民对大型活动支持度的影响因素；第四，本章通过因子分析分离出来的 7 个影响因子之间是相互独立的，但 Um & Crompton（1987）认为在社区依附和影响感知之间存在负相关关系，Lankford & Howard（1994）以及 Gursoy et al.（2002）则没有发现社区依附和影响感知之间的明显关系，因此还应深入探讨影响因素之间的关系，这可能与选择的指标有关。

第四节 总结

举办大型活动可以给举办地带来经济、社会、旅游、形象、环境、心理、政治等很多影响，但并不是每项影响都是正面的，也不是所有的社区成员都能平均地分享收益或承担成本。而举办大型事件（如奥运会）需要举办地人力、物力和财力的大量投资，对举办地政府财政支持的巨大需求将增加对当地企业和居民的税收依赖，因此成功举办大型事件必须要了解居民对事件的态度和感知，并争取获取举办地居民的大力支持。

本章首先讲述了居民对事件感知研究的意义和内容。大量研究已检验了居民对特殊事件的感知，这些研究主要关注：衡量居民对事件影响的感知、探索影响居民感知的基本因素、检验社区不同群体的态度区别；然后着重讲述了居民对事件支持度及其影响因素。根据文献研究，笔者认为影响居民对大型事件的支持度的因素主要包括：居民对事件的感知收益和感知成本、居民对所在社区的依附度、居民对大型活动参与度、对各类组织和机构准备的感知度；最后以 2008 年北京奥运会为例，进一步研究验证了居民对事件支持度的影响因素，并得出结论：居民对大型活动支持度受居民参与度感知、社区依附感知、准备度感知、收益感知的正向显著影响，受成本感知的负向非显著影响。

居民是大型事件重要利益相关者之一，还有很多其他利益相关者，如组织者、志愿者等等。对于事件组织者而言，Gursoya，Kimb & Uysalc（2004）认为理解事件组织者对于事件的社区影响感知非常重要，因为组织者和居民作为不同的利益主体，其参与事件的诉求不同。组织者也许把事件视为赚钱工具，如果举办事件只是为了增加收入则会导致过度拥挤和过度商业化等问题。而居民则把事件作为娱乐工具，认为应该以更宽松和非正式的方式来组织。如果专业组织者和当地居民的观点之间存在冲突，组织者可能会把个人观点和感知强加于当地社区，如果居民和组织者观点和感知存在不同，那么该事件则可能与居民预先想要的事件有所不同，那么事件很可能会失败。相反，如果组织者和居民观点一致，那么事件将可能取得巨大成功。另外，志愿者也是大型事件的重要利益相关者之一，因为大型活动在组织和提供服务时需要大量志愿者，例如，2000 年悉尼奥运会和 2004 年雅典奥运会分别招募了 4 万多名志愿者，2006 年世界杯招募 15 000 名志愿者，2008 年北京奥运会和残奥会共招募 10 万名志愿者。Reeser，Willick，Rhea & Berg（2005）指出如果没有志愿者的贡献，奥运会不可能成功。近年来，我国相继举办了一些大型体育活动，如 2008 年北京奥运会、2010 年广州亚运会、2014 年即将举办的南京青奥会，对志愿者服务产生了大量需求。Cnaan & Goldberg-Glen（1991）则认为招募和选择志愿者非常昂贵。由于志愿者在提供志愿服务时直接接触游客或观众，志愿者对大型事件的感知及其支持度也是需要研究者密切关注的。

但目前除了居民感知之外，仅有很少文献涉及其他利益相关者感知研究，如 Gursoya，Kimb & Uysalc（2004）使用 17 个项目衡量事件组织者对事件社区影响的感知，研究表明组织者对事件社会经济感知有四个维度：社区凝聚力、经济收益、社会激烈、社会成本。对于志愿者研究的文献虽然较多，但大部分研究都集中在志愿者动机、满意度的研究，而很少有研究涉及志愿者对事件感知和支持度问题。因此加强包括居民在内的所有利益相关者对事件的感知研究是未来研究的方向和重点。

附件 6-1 居民对大型活动影响感知调查问卷

Mihalik & Simonetta（1999）根据 Ritchie（1984）的研究设计了调查问卷，针对乔治亚居民对 1996 年亚特兰大奥运会的参与度、支持度、感知收益和感知成本进行调查。

1. 如果在 1996 年您还居住在乔治亚，您想作为观众参加一个或更多的奥运会比赛项目吗？

A. 是　　B. 否　　C. 不知道

2. 考虑到所有问题，您是否认为乔治亚应该举办 1996 年夏季奥运会？

A. 是　　B. 否　　C. 不知道

3. 人们经常会提到与 1996 年奥运会相关的很多不同收益，如果用数字 1-10 衡量居民所感知收益的大小，其中“1”表示“很小的收益”，“10”表示“很大的收益”，请您判断乔治亚州及其居民将会从下列方面所获收益的大小。

3.1 国际认可

3.2 增加未来旅游

3.3 经济收益

3.4 奥运会设施发展

3.5 乔治亚形象和声望提升

3.6 提升居民自豪感

4. 人们经常提到与 1996 年奥运会相关的很多不同收益，但也有一些可能的负面影响。如果用数字 1-10 衡量居民所感知成本的大小，其中“1”代表“非常小的成本”，“10”代表“非常大的成本”，请您判断乔治亚及其居民将在下列方面所承担的成本大小。

4.1 交通拥堵

4.2 价格上升

4.3 法律执行困难

4.4 街道犯罪

4.5 州资源的分配不均

4.6 对居民的骚扰

4.7 恐怖事件

4.8 游客对居民的不友好态度

4.9 居民对游客的不友好态度

参考文献

[1]Ahmed Z. U. *Marketing your community: Correcting a negative image*[J]. The Cornell Hotel and Restaurant Administration Quarterly, 1991, 31(4): 24-27.

[2]Ahmed Z. U. *The need for the identification of the constituents of a destination's tourist image: A promotion segmentation perspective*[J]. Journal of Professional Services Marketing, 1996: 14, 37-60.

[3]Akis S., Peristani, N., & Warner, J. *Residents' attitudes to tourism development: the case of Cyprus*[J]. Tourism Management, 1996, 17(7): 481-494.

[4]Allen L., Hafer, H., Long, R.,& Perdue, R. *Rural Residents' Attitudes toward Recreation & Tourism Development*[J]. Journal of Travel Research, 1993, 31(4): 27-33.

[5]Andersson T., Rustad A., SolbergH A. *Local Residents' Monetary Evaluation of Sports Events*[J]. Managing Leisure, 2004, 9: 145-158.

[6]Andereck K. L., Valentine K.M., Knopf R. C., et al. *Residents' Perceptions of Community Tourism Impacts*[J]. Annals of Tourism Research, 2005, 32(4): 1056-1076.

[7]Ap J. *Residents' perceptions on tourism impacts*[J]. Annals of Tourism Research, 1992, 19(4): 665-690.

[8]Arcodia, C. & Robb, A. *A Future for Event Management: A Taxonomy of Event Management Terms*[A]. In J. Allen, R. Harris, L. K. Jago & A. Veal (Eds.), Events Beyond 2000: Setting the Agenda. Sydney: Australian Centre for Event Management, 2000, 154-160.

[9]Arcodia C. & Whitford, M. *Festival attendance and the development of social capital*[J]. Journal of Convention & Event Tourism, 2006, 8(2): 1-18.

[10]Ashworth G. & Goodal, B. *Tourist images: Marketing considerations*[A], In B. Goodal & G. Ashworth (Eds.), *Marketing in the tourism industry: The promotion of destination regions*[M]. Belhaven: London, 1988, 213-238.

[11]Ashworth G. J. & Voogd, H. *Selling the city*[M]. London:Belhaven, 1990.

[12]Baade R. A. & Matheson V. A. *Home run or wild pitch? Assessing the*

economic impact of major league baseball's All-Star Game[J]. Journal of Sports Economics, 2001, 2(4): 307-327.

[13]Baade R. & Matheson, V. *The quest for the cup: Assessing the economic impact of the World Cup*[J]. Regional Science, 2004, 38 (4): 341-352.

[14]Backman K., Backman S., Uysal M., & Mohr S. K. *Event tourism: An examination of motivations and activities*[J]. Festival Management & Event Tourism, 1995, 3(1): 15-24.

[15]Baloglu S. *Image variations of Turkey by familiarity index: Informational and experiential dimensions* [J]. Tourism Management ,2001, 22 (2): 127-134.

[16]Baloglu S., & Brinberg, D. *Affective images of tourism destinations*[J] Journal of Travel Research, 1997, 35 (4): 11-15.

[17]Baloglu S., & McCleary K. *A model of destination image formation*[J]. Annals of Tourism Research, 1999, 26 (4): 868-897.

[18]Barker M. *Crime and sport events tourism: The 1999-2000 America's Cup*[A]. In B. W. Ritchie & D. Adair, D. (Eds.), *Sport tourism. Interrelationships, impacts and issues*[M]. Clevedon, UK: Chan nel View Publications, 2004 (Ch. 9, e-book).

[19]Barker M., Page, S. J. & Meyer, D. *Evaluating the motorimpact of the 2000 America's Cup on Auckland, New Zealand*[J]. Event Management, 2002, 7(2): 79-92.

[20]Barrow C. J. *Social impact assessment: an introduction*[M]. Great Britain: Arnold Publishers, 2000.

[21]Belkin D., Celebrezze R. *Estimating the economic and fiscal impacts of the New York Sports and Convention Center. New York City Independent Budget Office Background Paper*, 2004.

[22]Bennett R. & Koudelova R. *Image selection and the marketing of downtown areas in London and New York*[J]. The International Journal of Public Sector Management, 2001, 14(3): 205-220.

[23]Beriatos E., & Gospodini A. "*Globalising" urban landscapes:Athens and the 2004 Olympics*[J]. Cities, 2004, 21(3): 187-202.

[24]Beverland M., Hoffman, D. & Rasmussen, M. *The evolution of events in the Australasian wine sector*[J]. Tourism Recreation Research, 2001, 26(2): 35-44.

[25]Bigné, J., Sánchez, M. & Sánchez, J. *Tourism image, evaluation variables and after purchase behavior: Inter-relationships*[J]. Tourism Management, 2001, 22

(6): 607-616.

[26]Bitta A. J., Loudon D. L., Booth G. G. & Weeks R. R. *Estimating the economic impact of a short-term tourist event*[J]. Journal of Travel Research, 1977(16): 10-15.

[27]Bloemer J. & de Ruyter, J. C. *On the relationship between store image, store satisfaction and store loyalty*[J]. European Journal of Marketing，1998, 32(5/6):499-513.

[28]Bohlin M. *Traveling to events*[A]. In L. Mossberg (Ed.), *Evaluation of events: Scandinavian experiences*. New York: Cognizant, 2000, 13-29.

[29]Bonn M. A., Dai M. *Using hotel capacity to estimate direct economic impact:A study of the 2003 Southwest Airlines Gasparilla Pirate Fest, Tampa, Florida* [J]. Journal of Convention and Event Tourism, 2004, 6(3): 5-20.

[30]Boorstin D. *The image: A guide to pseudo-events in America*[M].New York: Harper & Row,1961.

[31]Bos H. *The importance of mega-events in the development of tourism demand* [J]. Festival Management and Event Tourism, 1994, 2(1):55-58.

[32]Bradbury T., Molloy T. *1993-1994 Auckland Whitbread stopover: An economic impact report*[J]. Festival Management and Event Tourism, 1995, 2(3/4): 197-202.

[33]Bramwell B. *A sport mega-event as a sustainable tourism development strategy*[J]. Tourism Recreation Research, 1977, 22(2): 13-19.

[34]Bramwell, B. *A sport mega-event as a sustainable development strategy*[J].Tourism Recreation Research, 1997a, 22(2): 13-19.

[35]Bramwell B. *Strategic planning before and after a mega-event*[J]. Tourism Management, 1997b, 18(3): 167-176.

[36]Brannas K. & Nordstrom J. *Tourist accommodation effects of festivals*[J]. Tourism Economics, 2006, 12(2): 291-302.

[37]Breen H., Bull A. & Walo M. *A comparison of survey methods to estimate visitor expenditure at a local event*[J]. Tourism Management, 2001, 22(5): 473-479.

[38]Briassoulis H. *Methodological Issues: Tourism Input-Output Analysis*[J]. Annals of Tourism Research, 1991, 18: 435-49.

[39]Brothers G. L., Brantley V. *Tag and recapture: testing an attendance estimation technique for an open access special events*[J]. Festival Management & Event Tourism, 1993(1): 143-146.

[40]Brown G. *Taking the pulse of Olympic sponsorship*[J]. Event Management, 2002, 7(3):187-196.

[41]Brown G., Chalip L., Jago L. & Mules, T. *The Sydney Olympics and brand Australia*[A]. In N. Morgan, A. Pritchard & R. Pride (Eds.), *Destination branding: Creating the unique destination proposition*[M]. Oxford: Butterworth-Heinemann. 2002.

[42]Brunt P. & Courtney P. *Host perceptions of soci ocultural impacts*[J]. Annals of Tourism Research, 1999, 26(3): 493-515.

[43]Burdge R. J. *A community guide to social impact assessment (Rev. ed.)*[M]. Wisconsin: Social Ecology Press, 1999.

[44]Burgan B. & Mules T. *Economic impact of sporting events*[J]. Annals of Tourism Research, 1992, (19): 700-710.

[45]Burgan B. & Mules, T. *Reconciling cost-benefit and economic impact assessment for event tourism*[J]. Tourism Economics, 2001, 7(4):321-330.

[46]Burgan B. & Mules T. *Sampling Frame Issues in Identifying Event-related Expenditure*[J]. Event Management, 2001(6):223-230.

[47]Burke J. F. & Lindblom, L. A. *Strategies for evaluating direct response tourism marketing*[J]. Journal of Travel Research, 1989, 28(2): 33-37.

[48]Burns J., Hatch J. & Mules, T. (Eds.). *The Adelaide grand prix: The impact of a special event*[M]. Adelaide: The Centre for South Australian Economic Studies, 1986.

[49]Burns J. & Mules, T. *An Economic evaluation of the Adelaide grand prix*[A]. In G. Syme, B. Shaw, D. Fenton &W.Mueller (Eds.), *The planning and evaluation of Hallmark events*[M]. Aldershot: Gower Publishing Company, 1989, 172-185.

[50]Bushnell R. C. & M. Hyle. "*Computerized Models for Assessing the Economic Impact of Recreation and Tourism.*" In Assessing the Economic Impact of Recreation and Tourism, edited by D. V. Propst. Asheville, NC: South-Eastern Forest Experiment Station, 1985, 46-51.

[51]Butler R. *The concept of a tourist area life cycle of evolution: Implications for management of resources*[J]. The Canadian Geographer, 1980, 24(1): 5-12.

[52]Cantelon H. & Letters, M. *The making of the IOC environmental policy as the third pillar of the Olympic movement*[J]. International Review for the Sociology of Sport, 2000, 35(3):294-308.

[53] Carlsen J. & Getz, D. *Strategic planning for a regional wine festival: The Margaret river wine region festival*[A]. In J. Carlsen, & S. Charters (Eds.), *Global wine tourism: Research, management and marketing*[M]. Wallingford: CABI, 2006, 209-224.

[54] Carlsen J., & Taylor A. *Mega-events and urban renewal: The case of the Manchester 2002 Common wealth Games*[J]. Event Management, 2003, 8(1):15-22.

[55] Carlsen J. & Williams P. *Events tourism and destination image in western Australia*[A]. In T. D. Andersson, C. Persson, B. Sahlberg & L. Strom, (Eds.), *The impact of mega events*[M]. Ostersund, Sweden: European Tourism Research Institute, 1999, 69-80.

[56] Carpenter G. *A Longitudinal Approach to Understanding Leisure During Adulthood*[A]. B. Hawkins and R. Rothschadl, eds. *In Proceedings of the Symposium on Aging and Leisure in the 1990s*[M]. Bloomington: Indiana University, 1992, 47-53.

[57] Carter S. & Shaw S. A. *The development of opportunities for regional food suppliers*[J]. British Food Journal, 1993, 95(1): 42-49.

[58] Cegielski M. & Mules, T. *Aspects of residents' perceptions of the GMC400-Canberra's V8 supercar race*[J]. Current Issues in Tourism, 2002, 5 (1):54-70.

[59] Chalip L. & Costa, C. *Building sport event tourism into the destination brand: Foundations for a general theory*[A]. In H. Gibson (Ed.), *Sport tourism: Concepts and theories*[M]. London: Routledge, 2006, 86-105.

[60] Chalip L., Green B. C. & Hill B. *Effects of sport event media on destination image and intention to visit*[J]. Journal of Sport Management, 2003, 17 (3): 214-236.

[61] Chalip L. & Leyns A. *Local business leveraging of a sport event: Managing an event for economic benefit*[J]. Journal of Sport Management, 2002, 16: 132-158.

[62] Chalip L. & McGuirty J. *Bundling sport events with the host destination*[J]. Journal of Sport Tourism, 2004, 9(3): 267-282.

[63] Chaudhary M. *India's image as a tourist destination-a perspective of foreign tourists*[J]. Tourism Management, 2000, 21(2): 293-297.

[64] Chen J. *A case study of Korean outbound travelers' destination images by using correspondence analysis*[J]. Tourism Management, 2001, 22 (3): 345-350.

[65] Chen P. *The attributes, consequences, and values associated with event sport tourists' behaviour: A means-end chain approach*[J]. Event Management, 2006, 10(1): 1-22.

[66] Chernushenko D. & Stubbs D. *Guidelines for greening sports events. Available* from www.committedtogreen.org, 2005.

[67] Chhabra D., Sills E. and Cubbage F.W. *The significance of festivals to rural economies: estimating the economic impacts of scottish highland games in north Carolina*[J].Journal of Travel Research, 2003, (41): 421-427.

[68] Choi, Y. *Football and the South Korean imagination: South Korea and the 2002 World Cup tournaments*[A]. In W. Manzenreiter & J. Horne (Eds.), *Football goes East-business, culture and the people's game in China, Japan and South Korea*[M]. London: Routledge, 2004.

[69] Chon K. *Tourism destination image modification process*[J]. Tourism Management, 1991, 12: 68-72.

[70] Cicarelli J. & Kowarsky D. *The economics of the Olympic games*[J]. Business and Economic Dimensions, 1973, September/October, 1-5.

[71] Cnaan R. A., Goldberg-Glen R. S. *Measuring motivation to volunteer in human services*[J]. Journal of Applied Behavioral Science, 1991, 27(3): 269-284.

[72] Collins A., Flynn A., Munday M. & Roberts A. *Assessing the environmental consequences of major sporting events: the 2003-04 FA Cup Final. Urban Studies*, 2007, 44:457-476.

[73] Collins A., Flynn A., & Netherwood A. *Reducing Cardiff's Ecological Footprint:A resource accounting tool for sustainable consumption*. Technical Report.Cardiff: WWF Cymru, 2005.

[74] Collins, Jones, Munday, *Assessing the environmental impacts of mega sporting events: Two options?*[J], Tourism Management, 2009, 30:828-837.

[75] Connell J., Page S. J. *Evaluating the economic and spatial effects of an event: The case of the world medical and health games*[J]. Tourism Geographies, 2005, 7(1): 63-85.

[76] Coopers and Lybrand Consulting Group. NCR 1988 festivals study final report, Vol. 1. Ottawa: Report for the Ottawa-Carleton Board of Trade, 1989.

[77] Crompton J. L. *An assessment of the image of Mexico as a vacation destination and the influence of geographical location upon that image*[J]. Journal of Travel Research, 1979, 17: 18-24.

[78]Crompton J. L. *Economic impact analysis of sports facilities and events: Eleven sources of misapplication*[J]. Journal of Sports Management, 1995(9): 14-35.

[79]Crompton J. *Measuring the economic impact of visitors to sports tournaments and special events. Ashburn, Virgina: Division of Professional Services, National Recreation and Park Association*, 1999.

[80]Crompton J. *Beyond economic impact: An alternative rationale for the public subsidy of major league sports facilities*[J]. Journal of Sport Management, 2004(18): 40-58.

[81]Crompton J. L., Lee S. & Shuster T. J. *A guide for undertaking economic impact studies: the springfest example*[J]. Journal of Travel Research, 2001, (40): 79-87.

[82]Crompton J. & McKay S. *Measuring the economic impact of festivals and events: Some myths, misapplications and ethical dilemmas*[J]. Festival Management and Event Tourism, 1994, 2(1): 33-43.

[83]Crompton J., & McKay S. *Motives of visitors attending festival events*[J]. Annals of Tourism Research, 1997, 24: 425-439.

[84]Crompton J. L., Var T. & Lee, S. *Repositioning TPWD and local park and recreation agencies: a technical report completed as part of the "Texas outdoors: a vision for the future"*, commissioned by the Texas Parks and Wildlife Department, 1998. http://www.rpts.tamu.edu/tpwd/reports.htm and http://www.rpts. tamu.edu/tpwd/crom5.pdf.

[85]Cunneen C. & Lynch R. *The social meanings of conflict in riots at the Australian Grand Prix Motorcycle Races*[J]. Leisure Studies, 1988, 7(1):1-19.

[86]陈方英，马明，孟华. 城市旅游地居民对传统节事的感知及态度——以泰安市东岳庙会为例[J].城市问题，2009（6）：60-65.

[87]陈方英.世界遗产地居民对旅游节庆的感知与态度研究——以泰安市泰山国际登山节为例[J]. 泰山学院学报，2008，30（5）：23-27.

[88]Daniels M. J. *Beyond input-output analysis: using occupation-based modeling to estimate wages generated by a sport tourism event*[J]. Journal of Travel Research, 2004(43): 75-82.

[89]Daniels M. J, Backman K. F. & Backman S. J. *Supplementing event economic impact results with perspectives from host community business and opinion leaders*[J]. Event Management, 2004(8): 117-125.

[90]Dann G. M. S. *Tourist images of a destination: An alternative analysis*[J].

Journal of Hospitality and Leisure Marketing, 1996, 3(2): 2-34.

[91]Davidson R. *Adding pleasure to business: Conventions and tourism*[J]. Journal of Convention and Exhibition Management, 2003, 5(1): 29-39.

[92]Davidson L. & Schaffer W. *A discussion of methods employed in analyzing the impact of short-term entertainment events*[J]. Journal of Travel Research, 1980, 28(3):12-16.

[93]Dawson S. A., D. J. Blahna & J. E. Keith. *Expected and Actual Regional Economic Impacts of Great Basin National Park*[J]. Journal of Park and Recreation Administration, 1993,11 (4): 45-59.

[94]De Bres K. & Davis J. *Celebrating group and place identity: A case study of a new regional festival*. Tourism Geographies, 2001, 3(3):326-337.

[95]Deccio C. & Baloglu S. *Nonhost Community Resident Reactions to the 2002 Winter Olympics: The Spillover Impacts*[J]. Journal of Travel Research, 2002, 4: 46-56.

[96]de Chernatony L. *From brand vision to brand evaluation: Strategically building and sustaining brands*[M]. Oxford: Butterworth-Heinemann, 2001.

[97]de Groote P. *A multidisciplinary analysis of world fairs (Expos) and their effects*[J]. Tourism Review, 2005, 60(1/3): 12-19.

[98]Delamere T. *Development of a scale to measure resident attitudes toward the social impacts of community festivals, Part 2: Verification of the scale*[J]. Event Management, 2001, 7(1): 25-38.

[99]Delamere T., Wankel L. & Hinch, T. *Development of a scale to measure resident attitudes toward the social impacts of community festivals, Part 1: Item generation and purification of the measure*[J]. Event Management, 2001, 7(1): 11-24.

[100]Derrett R. *Making sense of how festivals demonstrate a community's sense of place*[J]. Event Management, 2003, 8:49-58.

[101]Derrett R. *Festivals, events and the destination*. In I. Yeoman, M. Robertson, J. Ali-Knight, S.Drummond, & U. McMahon-Beattie (Eds.), *Festival and events management: An international arts and culture perspective.* Oxford: Elsevier Butterworth-Heinemann. 2004, 32-50.

[102]DETR (Department of Environment, Transport and the Regions), A Better Quality of Life: A Strategy for Sustainable Development in the United Kingdom, Cmnd. 4345, TSO, London, 1999.

[103] Deutsch K. W. & Merritt R. L. *Effects of events on national and international images*[A]. In H. C. Kelman (Ed.), *International behavior: A social-psychological analysis*[M]. New York: Holt, Rinehart and Winston, 1966, 132-187.

[104] Dichter E. *What is an image*[J]. Journal of Consumer Research, 1985, 13: 455-472.

[105] Dimanche F. *Special events legacy: The 1984 Louisiana world fair in New Orleans*[J]. Festival Management and Event Tourism, 1996, 4(1): 49-54.

[106] Donnelly M. P., J. J. Vaske, D. S. DeRuiter and J. B. Loomis. *Economic Impacts of State Parks: Effect of Park Visitation, Park Facilities, and County Economic Diversification*[J]. Journal of Park and Recreation Administration, 1998, 16 (4): 57-72.

[107] Douglas N., Douglas, N. & Derrett R. (Eds.). *Special interest tourism: context and cases.* Australia: John Wiley and Sons. 2001.

[108] Doxey G. V. *A causation theory of visitor-resident irritants:Methodology and research inferences*[A]. In The Impact of Tourism, Travel Research Association Sixth Annual Conference Proceedings, San Diego, CA: TTRA, 1975, 195-198.

[109] Duncan T. & Moriarty, S. *Driving brand value: Using integrated marketing to manage profitable stakeholder relationships*[M]. New York: McGraw-Hill, 1997.

[110] Dungan T. *How cities plan special events*[J]. The Cornell H.R.A. Quarterly, 1984, 25(1): 82-89.

[111] Dunn J. *Nymagee's story*. Retrieved July 2005 from http://www. commu nitybuilders.nsw.gov.au/rural_regional/programs/ngee.html,2004.

[112] Dutt A. Commonwealth games or eco-disaster, 2001. Available from http: //www.boloji.com/wfs5/wfs953.htm.

[113] Dwyer L. *Economic contribution of convention tourism:Conceptual and empirical issues*[A]. In K. Weber & K. Chon (Eds.), *Convention tourism: International research and industry perspectives*[M]. New York: Haworth, 2002, 21-35.

[114] Dwyer L. Forsyth P. & Spurr R. *Evaluating tourism's economic effects: new and old approaches*[J]. Tourism Management, 2004, 25(3): 307-317.

[115] Dwyer L., Forsyth P. & Spurr R. *Estimating the impacts of special events on an economy*[J]. Journal of Travel Research, 2005, 43(4):351-359.

[116] Dwyer L., Forsyth P. & Spurr R. *Assessing the economic impacts of*

events: A computable general equilibrium approach[J]. Journal of Travel Research, 2006, 45(1):59-66.

[117]Dwyer L., Mellor R., Mistillis N. & Mules T. *A framework for assessing "tangible" and "intangible" impacts of events and conventions*[J]. Event Management, 2000a, 6(3): 175-189.

[118]Dwyer L., Mellor R., Mistillis N. & Mules, T. *Forecasting the economic impacts of events and conventions*[J]. Event Management, 2000b, 6(3): 191-204.

[119]Echtner C. M. & Ritchie, J. R. B. *The meaning and measurement of destination image*[J]. Journal of Tourism Studies, 2003,14(1): 37-48.

[120]Eder D. Staggenborg S. & Sudderth L. *The National Women's Music Festival: Collective Identity and Diversity in a Lesbian-Feminist Community*[J]. Journal of Contemporary Ethnography, 1995, 23: 485-515.

[121]Ekman A. K. *The revival of cultural celebrations in regional Sweden.* Aspects of tradition and transition. Sociologia Ruralis, 1999, 39(3): 280-310.

[122]Embacher, J. & Buttle, F. *A repertory grid analysis of Austria's image as a summer vacation destination*[J]. Journal of Travel Research, 1989, 27(3): 3-7.

[123]EREC (Energy Efficiency and Renewable Energy Clearinghouse), *Renewable Energy at the Olympics*, DOE/GO-10098-499, September 1998, revised August 2000. accessed at http://greennature.com/article632.html.

[124]Evans B., Joas M., Sundback S. & Theobald K. *Governing sustainable cities*[M]. London: Earthscan, 2005.

[125]Fakeye P. C. & Crompton J. L. *Image differences between prospective, first-time, and repeat visitors to the Lower Rio Grande Valley*[J]. Journal of Travel Research, 1991, 30(2): 10-16.

[126]Falassi A. (Ed.). *Time Out of Time: Essays on the Festival.* Albuquerque: University of New Mexico Press, 1987, 2.

[127]Faulkner B., Chalip L., Brown G., Jago L., March R. & Woodside A. *Monitoring the tourism impacts of the Sydney 2000 Olympics*[J]. Event Management, 2000, 6(4): 231-246.

[128]Faulknere B., Raybould M. *Monitoring visitor expenditure associated with attendance at sporting events: an experimental assessment of the diary and recall methods*[J]. Festival Management& Event Tourism, 1995, (3): 73-81.

[129]Faulkner B. & Tideswell C. *A framework for monitoring community impacts of tourism*[J]. Journal of Sustainable Tourism, 1997, 5(1): 3-28.

[130] Felsenstein D. & Fleischer A. *Local festivals and tourism promotion: the role of public assistance and visitor expenditure*[J]. Journal of Travel Research, 2003, 41(4): 385-392.

[131] Ferng J. J. *Toward a scenario analysis framework for energy footprints*[J]. Ecological Economics, 2002, 40: 53-69.

[132] Finn A. & Erdem, T. *The economic impact of a mega-multi-mall: Estimation issues in the case of the West Edmonton Mall*[J]. Tourism Management, 1995, 16(5): 367-373.

[133] Finsterbusch K., Llewellyn L. G. & Wolf C. P. *Social impact assessment methods*[M]. USA: Sage Publications, 1983.

[134] Fletcher J. E. *Input-Output Analysis and Tourism Impact Studies*. [J] Annals of Tourism Research, 1989, 16 (4): 514-29.

[135] Formica S. *The development of festivals and special events studies*[J]. Festival Management and Event Tourism, 1998, 5(3): 131-137.

[136] Frater J. & Mihalik B. *Host residents' support of the summer 1996 Olympic Games*[J]. Visions in Leisure and Business, 1999, 18 (2): 9-19.

[137] Frechtling D. C. *Assessing the impacts of travel and tourismmeasuring economic benefits*[A]. In J. R. Brent Ritchie & C. Goeldner (Eds.), Tourism and hospitality research[M]. New York:John Wiley and Sons. 1994, 437-450.

[138] Fredline E. *Host community reactions to major sporting events: The Gold Coast Indy and the Australian Formula One Grand Prix in Melbourne*[D]. Gold Coast: Griffith University, 2000.

[139] Fredline E. *Host and guest relations and sport tourism*[A]. In H. Gibson (Ed.), Sport tourism: Concepts and theories[M].London: Routledge, 2006, 131-147.

[140] Fredline E., Deery M. & Jago L. Host community perceptions of the impacts of events: A comparison of different event themes in urban and regional communities. Paper presented at the Impacts of Events Conference, Sydney, 2005.

[141] Fredline E. & Faulkner B. *Resident reactions to a major tourist event: The Gold Coast Indy car race*[J]. Festival Management and Event Tourism, 1998, 5(4): 185-205.

[142] Fredline E. & Faulkner B. *Host community reactions: A cluster analysis*[J]. Annals of Tourism Research, 2000, 27 (3):763-784.

[143] Fredline E. & Faulkner, B. *Residents' reactions to the staging of major motorsport events within their communities: A cluster analysis*[J]. Event

Management, 2002a, 7(2): 3-114.

[144]Fredline E. & Faulkner B. *Variations in residents' reactions to major motorsport events: Why residents perceive the impacts of events differently*[J]. Event Management, 2002b, 7(2): 115-125.

[145]Fredline E., Jago L. & Deery M. *The development of a generic scale to measure the social impacts of events*[J]. Event Management, 2003, 8(1): 23-37.

[146]Fredline E., Raybould M., Jago L. & Deery M. Triple bottom line event evaluation: A proposed framework for jolistic event evaluation. In Paper presented at the third international event management research conference, Sydney. University of Technology, Sydney, 2005.

[147]Fuller S. S., Clinch R. The Economic and Fiscal Impacts of Hosting the 2012 Olympic Games on the Washington-Baltimore Metropolitan Area [M].Washington: George Mason University & University of Baltimore, 2000.

[148]Gallarza M. G., Saura I. G. & Garcia H. C. *Destination image: Towards a conceptual framework*[J]. Annals of Tourism Research, 2002, 29(1): 56-78.

[149]Gartner W. C. *Temporal influences on image change*[J]. Annals of Tourism Research, 1986,13(4): 635-644.

[150]Gartner W. C. *Image formation process*[J]. Journal of Travel and Tourism Marketing, 1989, 2(2/3): 191-215.

[151]Gartner W. C. *Tourism development: Principles processes, and policies* [M]. New York: Van Nostrand Rein hold, 1996.

[152]Gartner W. & Holecek, D. *Economic impact of an annual tourism industry exposition*[J]. Annals of Tourism Research, 1983, 10: 199-212.

[153]Gartner W. C. & Hunt J. D. *An analysis of state image change over twelve-year period*[J]. Journal of Travel Research, 1987, 27: 15-19.

[154]Gazel C. & Schwer R. *Beyond rock and roll: the economic impact of The Grateful Dead on a local economy*[J]. Journal of Cultural Economics, 1997, 21: 41-55.

[155]Gehrman C. *The unfairness behind the Olympic Games fairplay*. Newropeans Magazine, 2004. [ol]. Available from: www.newropeans-magazone.org/index2.phx?¼com_content&task¼view [Accessed 13 May 2006].

[156]Gelan A. *Local economic impacts: The British Open*[J]. Annals of Tourism Research, 2003, 30(2): 406-425.

[157]Getz D. *Special events: Defining the product*[J]. Tourism Management,

1989, 10(2): 125-137.

[158]Getz D. *Festivals, special events, and tourism*[M]. New York: Van Nostrand Rheinhold, 1991.

[159]Getz D. *Event management and event tourism (1st ed.)*[M]. New York: Cognizant Communications Corp, 1997.

[160]Getz D. *The impacts of mega events on tourism: Strategies for destinations*[A]. In T. D. Andersson, C. Persson, B. Sahlberg, & L. Strom (Eds.), The impact of mega events[M]. Ostersund, Sweden: European Tourism Research Institute, 1999, 5-32.

[161]Getz D. *Sport event tourism: Planning, development, and marketing*[A]. In S. Hudson (Ed.), *Sport and adventure tourism*[M]. New York: Haworth, 2003, 49-88.

[162]Getz D. *Geographic perspectives on event tourism*[A]. In A. Lew, M. Hall & A. Williams (Eds.), *A companion to tourism*[M].Oxford: Blackwell Publishing, 2004, 410-422.

[163]Getz D. *Event Management and Event Tourism (2d ed.)*[M]. New York: Cognizant, 2005, 21.

[164]Getz D., Andersson T. & Larson, M. *Festival stakeholder roles: Concepts and case studies*[J]. Event Management, 2007, 10(2/3): 103-122.

[165]Getz D. *Event tourism: definition, evolution, and research*[J].Tourism Management, 2008(29): 403-428.

[166]Getz D. *The nature and scope of festival studies*[J]. International Journal of Event Management Research, 2010, 5(1): 1-47.

[167]Getz D. & Frisby W. *Evaluating management effectiveness in community-run festivals*[J]. Journal of Travel Research, 1988, 27: 22-27.

[168]Getz D., O'Neill M., & Carlsen, J. *Ervice quality evaluation at events through service mapping*[J]. S Journal of Travel Research, 2001, 39(4): 380-390.

[169]Getzner M. *Weak and strong sustainability indicators, and regional environmental resources*[J], Environmental Management and Health, 1999, 10(3): 170-176.

[170]G-Forse. News releases. Kenya: Sport and Environment Unit, Division of Communication and Public Information, United Nations Environment Programme, 2007. Available from. www.unep.org.

[171]Gibson H. *Sport tourism: A critical analysis of research*[J]. Sport

Management Review, 1998, 1: 45-76.

[172]Gibson H. (Ed.). *Sport tourism: Concepts and theories*[M]. London: Routledge, 2006.

[173]Glos. *The economics of staging the olympics. A comparison of the Games 1972-2008. Cheltenham*[M]. UK: Edward Elgar Publishing, 2005.

[174]Gnoth J. & Anwar S. *New Zealand bets on event tourism*[J].Cornell Hotel and Restaurant Administration Quarterly, 2000, 41(4): 72-83.

[175]Goldblatt J. *Special Events: The Art and Science of Celebration*, Van Nostrand Reinhold: New York, New York, 1990.

[176]Goldblatt J. *Special Events-Best Practices in Modern Event Management (2 ed.)*[M]. New York: John Wiley & Sons, Inc, 1997.

[177]Gossling S., Hannson C., Horstmeier, O. & Saggel D. Ecological Footprint analysis as a tool to assess tourismsustainability. Ecological Economics, 2002, 43:199-211.

[178]Gotham K. *Marketing mardi gras: Commodification, spectacle and the political economy of tourism in New Orleans*[J]. Urban Studies, 2002, 39(10): 1735-1756.

[179]Grado S., Strauss C. & Lord B. *Economic impacts of conferences and conventions*[J]. Journal of Convention and Exhibition Management, 1998, 1(1): 19-33.

[180]Gratton C. & Kokolakakis T. *Economic impact of sport in England 1995*[M]. London: The Sports Council, 1997.

[181]Green H., Hunter C. & Moore B. *Assessing the environmental impact of tourism development: use of the Delphi technique*[J]. Tourism Management, 1990, 6: 111-120.

[182]Greene S. Staged cities: mega events, slum clearance and global capital. Yale Human Rights & Development, 2005, 1611-187.

[183]Greenpeace (2000a), The Toxic Waste Sydney Can't Lose, Olympic Briefing, August 2000. www.greenpeace.org.au.

[184]Greenpeace (2000b), Greenpeace Olympic Environmental Guidelines-A Guide to Sustainable Events,September 2000. http://www.greenpeace.org.au.

[185]Greenpeace. Athens 2004 disqualified from Green Olympics. Press Release, 2004. Available from http://www.greenpeace. org/international/news/athens-disqualified-from-green.

[186] Greenwood D. Tourism as an agent of change: A Spanish Basque case study. Ethnology, 1972, 11(1): 80-91.

[187] Gursoy D., Jurowski C. & Uysal M. *Residents attitudes: A structural modeling approach*[J]. Annals of Tourism Research, 2002, 29(1): 79-105.

[188] Gursoy D. & Kendall K. W. *Hosting mega events: Modeling locals' support*[J]. Annals of Tourism Research, 1987, 33(3): 603-623.

[189] Gursoy D. & Kendall K.W. *Hosting Mega Events Modeling Locals' Support*[J]. Annals of Tourism Research, 2006, 33(3):603-623.

[190] Gursoy D. Kimb K. & Uysalc M. *Perceived impacts of festivals and special events by organizers: an extension and validation*[J]. Tourism Management, 2004, 25: 171-181.

[191] Gursoy D. & Rutherford D. G. *Host attitudes toward tourism: An improved structural model*[J]. Annals of Tourism Research, 2004, 31(3): 495-516.

[192] 郭英之，臧胜男，彭兰亚．居民对旅游重大事件感知态度与期望的实证研究——以上海世博会为例[J]. 上海应用技术学院学报，2009，9(1)：9-14.

[193] 郭英之，臧胜男，彭兰亚．社区居民对 2010 年上海世博会影响感知的实证研究[J]．旅游科学，2009，23（3）：35-40.

[194] Haan M. de & Keuning S.J. *Taking the environment into account: the NAMEA approach*[J]. Review of Income and Wealth,1996, 42(2): 131-148.

[195] Hall C. The impacts of hallmark tourism events. Paper at workshop Metropolis 90, 3rd International Congress of the World Association of the Major Meteropolises, Recreation & Tourism Development Branch of the City of Melbourne, Melbourne, 1990.

[196] Hall C. *Hallmark events and urban reimaging strategies*[A].In L. Harrison & W. Husbands (Eds.), Practicing responsible tourism: International case studies in tourism planning,policy and development[M]. Toronto: John Wiley & Sons, 1996, 366-379.

[197] Hall C. *Imaging, tourism and sports event fever: the Sydney Olympics and the need for a social charter for mega-events*[A]. In C. Gratton & I. Henry (Eds.), Sport in the city: the role of sport in economic and social regeneration[M]. London: Routledge. 2001.

[198] Hall M. *The definition and analysis of hallmark tourist events*[J]. Geo Journal, 1989, 19(3): 263-268.

[199] Hall M. *Hallmark tourist events: Impacts, management and planning*[M].

London: Belhaven, 1992.

[200] Hall M. *Sport tourism and urban regeneration*[A]. In B. Ritchie & D. Adair (Eds.), *Sport tourism: interrelationships, impacts and issues*[M]. Clevedon: Channelview Publications, 2004.

[201] Hall M. *Mega-events and their legacies*[A]. In P.E. Murphy (ed.) *Quality Management in Urban Tourism*[M]. New York: John Wiley, 1997.

[202] Hall C. & Selwood H. *America's Cup lost, paradise retained?*[A] In G. Syme, B. Shaw, D. Fenton & W. Mueller (Eds.), *The planning and evaluation of hallmark events*[M]. Avebury, Aldershot, 1989.

[203] Hall M. & Rusher, K. Politics, *public policy and the destination*[A].In I. Yeoman, et al. (Eds.), *Festival and events management*[M]. Oxford: Elsevier, 2004, 217-231.

[204] Hall M., Selwood H. & McKewon E. *Hedonists, Ladies and Larrikins: Crime, Prostitution and the 1987 America's Cup*[J]. Visions in Leisure and Business, 1989, 14(3): 28-51.

[205] Haralambopoulos N. & Pizam A. *Perceived impacts of tourism: the case of Samos*[J]. Annals of Tourism Research, 1996, 503-526.

[206] Harcup T. *Re-imaging a post-industrial city:The Leeds St. Valentine's Fair as a civic spectacle*[J].City, 2000, 4(2): 215-231.

[207] Harris R. & Huyskens, M. Public events: Can they make a contribution to ecological sustainability. In Paper presented to the Annual Council of Australian Tourism and Hospitality Educators conference, Fremantle, 2002.

[208] Hatten A. Economic impact of expo '86. Victoria, British Columbia: Ministry of Finance and Corporate Relations, 1987.

[209] Haug R., Krabbenhoft A., Tippins S.. *The economic impact of a one-time sporting event: The Breeder's cup thoroughbred racing championship day*[J]. Journal of American Academy of Business, 2004, 5(1/2): 242-245.

[210] Haxton P. A Post Event Evaluation of the Social Impacts and Community Perceptions of Mega Events. Honors Thesis. Townsville QLD: James Cook University, 1993.

[211] Haxton P. Community Involvement and the Olympic Games: A Review of Related Research. 7th International Post Graduate Seminar on Olympic Studies, Greece, 1999.

[212] Hede A. *Sports-events, tourism and destination marketing strategies: An*

Australian case study of Athens 2004 and its media telecast[J]. Journal of Sport Tourism, 2005, 10(3): 187-200.

[213] Hektner J. M. & Csikszentmihalyi M. *The experience sampling method: Measuring the context and content of lives*[A]. In R. Bechtel & A. Churchman (Eds.), *Handbook of environmental psychology*[M]. New York: Wiley, 2002, 233-243.

[214] Hernandez S., J. Cohen & H. Garcia. *Residents' Attitudes towards an Instant Resort Enclave*[J]. Annals of Tourism Research, 1996, 23: 755-779.

[215] Higham J. (Ed.). *Sport tourism destinations: Issues, opportunities and analysis*[M]. Oxford: Elsevier, 2005.

[216] Higham J. E. S. & Ritchie J. R. B. *The evolution of festivals and other events in rural Southern New Zealand*[J]. Event Management, 2001, 7: 39-49.

[217] Hiller H. *The Urban Transformation of a L & mark Event: The 1988 Calgary Winter Olmpics*[J]. Urban Affairs Quarterly, 1990, 26:118-137.

[218] Hiller H. *Assessing the impact of mega-events: a linkage model*[J]. Current Issues in Tourism, 1998, -1(1):-47-57.

[219] Hiller H. *Mega-events, urban boosterism and growth strategies: An analysis of the objectives and legitimations of the Cape Town 2004 Olympic bid*[J]. International Journal of Urban and Regional Research, 2000a, 24(2): 439-458.

[220] Hiller H. *Toward an urban sociology of mega-events*[J]. Research in Urban Sociology, 2000b, 5: 181-205.

[221] Hodur N. M., Bangsund D. A., Leistritz F. L. & Kaatz, J. *Estimating the contribution of a multi-purpose event facility to the area economy*[J]. Tourism Economics, 2006, 12(2): 303-316.

[222] Howard D. R., Lankford S. V. & Havitz M. E. *A method for authenticating pleasure travel expenditures*[J]. Journal of Travel Research, 1991, 29(4): 19-23.

[223] Hughes G. *Urban revitalisation: The use of festive time strategies*. Leisure Studies, 1999, 18:119-135.

[224] Hughes H. *Olympic tourism and urban regeneration*[J]. Festival Management and Event Tourism, 1993, 1(4): 157-162.

[225] Hultkrantz L. *Mega-event displacement of visitors: The World Championship in Athletics, Goteborg 1995*[J]. Festival Management and Event Tourism, 1998, 5(1/2).

[226] Humphreys J. M., & M. K. Plummer. *The Economic Impact on the State*

of Georgia of Hosting the 1996 Summer Olympic Games[M]. Mimeograph. Athens, GA: Selig Center for Economic Growth, University of Georgia, 1995.

[227] Hunt J. D. *Image as a factor in tourism development*[J]. Journal of Travel Research, 1975, 13: 1-7.

[228] International Olympic Committee, *Olympic Movement's Agenda 21: Sport for Sustainable Development*, IOC Sport and Environment Commission, Lausanne, 1996.

[229] International Olympic Committee. IOC 2014 Evaluation Commission Report. Lausanne, Switzerl&: International Olympic Committee, 2007.

[230] Inter VISTAS Consulting Inc., The Economic Impact of the 2010 Winter Olympic and Paralympic Games: An update. Prepared for Honourable Ted Nebbeling Minister of State for Community Charter and 2010 Olympic Bid, 2002.

[231] IOCC. Recommendations Made by the Impact of the Olympics on Community Coalition to the Vancouver 2010 Bid Corporation and its Member Partners[R]. August 2002. http://www.olympicsforall.ca/download.

[232] Irwin R. L., Wang P. and Sutton W. A. *Comparative analysis of diaries and projected spending to assess patron expenditure behavior at short-term sporting events*[J]. Festival Management& Event Tourism, 1996(4): 29-37.

[233] Jackson J., Houghton M., Russell R. & Triandos P. *Innovations in measuring economic impacts of regional festivals: A do-it-yourself kit*[J]. Journal of Travel Research, 2005, 43: 360-367.

[234] Jafari J. *Research and Scholarship: The Basis of Tourism Education*[J]. Journal of Tourism Studies, 1990, 1(1):33-41.

[235] Jago L., Chalip L., Brown G., Mules T. & Shameem A. *Building events into destination branding: Insights from Experts*[J]. Event Management, 2003, 8(1): 3-14.

[236] Jago L. &Dwyer L. Economic evaluation of special events:A practitioner's guide. Gold Coast Australia: Cooperative Research Centre for Sustainable Tourism, 2006.

[237] Jago L. & Shaw R. *Special events: A conceptual and definitional framework*[J]. Festival Management and Event Tourism, 1998, 5(1-2): 21-32.

[238] Janeczko B., Mules T., Ritchie B. *Estimating the economic impacts of festivals and events: A research guide*[M]. Gold Coast, Queensland: CRC for Sustainable Tourism Pty Ltd, 2002.

[239] Janiskee R. *Some macroscale growth trends in America's community festival industry*[J]. Festival Management and Event Tourism, 1994, 2(1): 10-14.

[240] Janiskee R. *The temporal distribution of America's community festivals*[J]. Festival Management and Event Tourism, 1996, 3(3): 129-137.

[241] Jeong G. H. Tourism Expectation on the 1988 Seoul Olympics: A Korean Perspective. In The Proceedings of Travel and Tourism Research Association 19th Annual Conference. Salt Lake City, UT: Travel and Tourism Research Association, 1998, 175-181.

[242] Jeong G. & Faulkner B. *Resident Perceptions of Mega-Event Impacts: The Taejon International Exposition Case*[J]. Festival Management & Event Tourism, 1996, 4(1): 3-11.

[243] Johnson R.L.& Moore E. *Tourism impact Estimation*[J].Annals of Tourism Research, 1993, 20(2): 279-288.

[244] Jones C. *Assessing the environmental impact of a major sporting event.* Tourism Economics, 2008, 14: 343-360.

[245] Jones C. & Munday M. *Evaluating the economic benefits from tourism spending through Input-Output frameworks: issues and cases*[J]. Local Economy, 2004, 9(2): 117-133.

[246] Journes C. *Policing and security: terrorists and hooligans*[A]. In H.Dauncy&G.Hare (Eds.), *France and the 1998 World Cup: the national impacts of a world sporting event*[M]. London: Frank Cass. 1999.

[247] Jurowski C. *A study of community sentiments in relation to attitudes toward tourism development*[J]. Tourism Analysis, 1998, 3(1): 17-24.

[248] Kang Y. & Perdue, R. *Long-Term Impact of a Mega-Event on International Tourism to the Host Country: A Conceptual Model & the Case of the 1988 Seoul Olympics*[M].Journal of International Consumer Marketing, 1994, 6: 205-226.

[249] Kasimati E. *Economic aspects and the Summer Olympics:A review of related research*[J]. International Journal of Tourism Research, 2003, 5(6): 433-444.

[250] Kaspar C. The role and impact of mega-events and attractions on national and regional tourism development: Introduction into the general topic of the 37th AIEST Congress. Proceedings of the 37th Congress of AIEST, Calgary, 1987, 28: 11-12.

[251] Kelly I. *The architecture and town planning associated with a hallmark*

event[A]. In: G. Syme, D. Fenton &W.Mueller, (Eds.), *The planning and evaluation of hallmark events*[M]. Aldershot: Avebury, 1989.

［252］Keller K. L. *Strategic brand management: Building, measuring, and managing brand equity*[M]. Upper Saddle River, NJ: Prentice Hall, 1998.

［253］Keller K. L. & Aaker D. A. *Managing the corporate brand: The effects of corporate marketing activity on consumer evaluations of brand extensions*[M]. Cambridge: Marketing Science Institute, 1997.

［254］Kim S.S., Chon K & Chung K.C. *Convention industry in South Korea: an economic impact analysis*[J]. Tourism Management, 2003, (24): 533-541.

［255］Kim D. J., Gursoy D. & Lee S. *The Impact of the 2002 World Cup on South Korea: Comparisons of Pre- & Post-Games*[J].Tourism Management, 2006, 27(1): 86-96.

［256］Kim S. & Morrison A. M. *Change of images of South Korea among foreign tourists after the 2002 FIFA World Cup*[J]. Tourism Management, 2005, 26(2): 233-247.

［257］Kim S. S. & Petrick J. F. *Residents' perceptions on impacts of the FIFA 2002 World Cup: the case of Seoul as a host city*[J]. Tourism Management, 2005, 26(1): 25-38.

［258］ Kim H. & Richardson S. L. *Motion picture impacts on destination images*[J]. Annals of Tourism Research, 2003, 30(1): 216-237.

［259］Kim C., Scott D., Thigpen J. F. & Kim S. S. *Economic impact of a birding festival*[J]. Festival Management& Event Tourism, 1998, 5(1-2): 51-58.

［260］Kotler P., Asplund C., Rein I. & Haider D. *Marketing places: Europe*[M]. Harlow: Pearson, 1999.

［261］Kotler P., Bowen J. & Makens J. *Marketing for Hospitality and Tourism (third ed.)*[M]. New Jersey: Prentice Hall, 2003.

［262］Kotler P., Haider D. H. & Rein I. *Marketing places: Attracting investment, industry, and tourism to cities, states, and nations*[M]. New York: Free Press, 1993.

［263］Kyle G. T., Mowen, A. J. & Tarrant M. *Linking place preferences with place meaning: An examination of the relationship between place motivation & place attachment*[J]. Journal of Environmental Psychology, 2004, 24:439-454.

［264］Lade C. & Jackson J. *Key success factors in regional festivals: Some Australian experiences*. Event Management, 2004, 9(1):1-11.

[265]Lankford S. *Attitudes and perceptions toward tourism and rural regional development*[J]. Journal of Travel Research, 1994, 32(3): 35-43.

[266]Lankford S. V. & Howard D. R. *Developing a tourism impact attitude scale*[J]. Annals of Tourism Research, 1994, 21: 121-139.

[267]Larson R. & Csikszentmihalyi M. *The experience sampling method*[A]. In H. Reis (Ed.), *Naturalistic approaches to studying social interaction*[M]. San Francisco, CA: Jossey-Bass, 1983, 41-56.

[268]Larson M. *A political approach to relationship marketing: Case study of the Storsjo ¨ yran festival*[J]. International Journal of Tourism Research, 2002, 4(2): 119-143.

[269]Larson M. & Wikstrom E. *Organizing events: Managing conflict and consensus in a political market square*[J]. Event Management, 2001, 7(1):51－65.

[270]Law C. M. *Urban tourism: Attracting visitors to large cities*[M].London: Mansell, 1993.

[271]Lawton G. & Page S. *Analyzing the promotion, product and visitor expectations of urban tourism: Auckland, New Zealand as a case study*[J]. Journal of Travel & Tourism Marketing, 1997, 6(1): 123-142.

[272]Leatherman J. & Marcoullier D. *Moving beyond the modeling of regional growth: A study of how income is distributed to rural households*[J]. Economic Development Quarterly, 1999, 13(1): 38-45.

[273]Lee J. *The impact of Expo' 86 on British Columbia markets*[A]. In P. Williams, J. Hall, & M. Hunter (Eds.), Tourism: Where is the client? Conference papers of the travel and tourism research association, Canada chapter, 1987.

[274]Lee J. & Back K. *A review of convention and meeting management research*[J]. Journal of Convention and Event Tourism, 2005, 7(2): 1-19.

[275]Lee S. & Crompton J. *The attraction power and spending impact of three festivals in Ocean City, Maryland*[J]. Event Management, 2003, 8(2):109-112.

[276]Lee C. & Kim J. *International tourism demand for the 2002 World Cup Korea: A combined forecasting technique*[J]. Pacific Tourism Review, 1998, 2(2): 157-166.

[277]Lee C. K., Lee Y. K. & Lee B. K. *Korea's destination image formed by the 2002 World Cup*[J]. Annals of Tourism Research, 2005, 32: 839-858.

[278]Lee C.K. & Taylor T. *Critical reflections on the economic impact assessment of a mega-event: the case of 2002 FIFA World Cup*[J]. Tourism

Management, 2005, 26(4): 595-603.

[279] Leibold M. & van Zyl C. *The Summer Olympic Games and its tourism marketing: City tourism marketing experiences and challenges with specific reference to Cape Town, South Africa*[A]. In P. Murphy (Ed.), Quality management in urban tourism: Balancing business and the environment, proceedings. University of Victoria, 1994, 135-151.

[280] Leiper N. A town like Elis? The Olympics: Impact on tourism in Sydney. Proceedings of the Australian Tourism and Hospitality Research Conference: Sydney, 1997.

[281] Leisen B. *Image segmentation: the case of a tourism destination*[J]. Journal of Services Marketing, 2001, 15 (1): 49-66.

[282] Leistritz F.L. *Assessing local socioeconomic impacts of rural manufacturing facilities*[J]. Journal of the Community Development Society, 1997, 28(1): 43-64.

[283] Leistritz F. L. & Murdock S. H. *Socioeconomic impact of resource development: Methods for assessment*[M]. Boulder, Colorado: Westview Press, 1981.

[284] Lenskyj H. *Best Olympics ever? The social impacts of Sydney 2000*[M]. Albany, NY: SUNY Press, 2002.

[285] Lenzen M. & Murray S. A. *A modified Ecological Footprint method and its application to Australia.* Ecological Economics, 2001, 37: 229-255.

[286] Leontief W. *Environmental repercussions and the economic structure: an Input-Output approach*[J]. Review of Economics and Statistics, 1970, 262-271.

[287] Li R. & Petrick J. *A review of festival and event motivation studies*[J]. Event Management, 2006, 9(4): 239-245.

[288] Li X. Lvyou mudidi xingxiang tuiguang: yi Nanjing weili [Destination image promotion: A theoretical and empirical perspective—with a case study of Nanjing] Unpublished M.S. thesis, Nanjing Normal University, 2001.

[289] Li X. & Vogelsong H. *Comparing methods of measuring image change: A case study of a small-scale community festival*[J]. Tourism Analysis, 2005, 10(4): 349-360.

[290] London 2012. (2005a). Towards a One Planet Olympics. Achieving the first sustainable Olympic Games and Paralympic Games. London 2012.Available from. http://www.london2012.org/NR/rdonlyres/030B3204-7E1A-4002-881E-12A0

A 8C93000/0/EnvironmentBrochure.pdf.

[291]London 2012. (2005b). London 2012 candidate file: Theme 5 - Environment and meteorology. London 2012. Available from. www.london2012.org.

[292]Long P. *After the event: Perspectives on organizational partnership in the management of a themed festival year*[J]. Event Management, 2000, 6(1): 45-59.

[293]Long P. T. & Perdue R. R. *The economic impact of rural festivals and special events: assessing the special distribution of expenditures*[J]. Journal of Travel Research, 1990, 28(4): 10-14.

[294]Lowles N. *Far out with the far right*[A]. In: P. Barclay, D. Brimson, S. Inglis, D. Rowe & D. Winner (Eds.), *Hooligan wars–causes and effects of football violence*[M]. Edinburgh: Mainstream Publishing Company, 2001, 108-121.

[295]Loveridge S. *A typology and assessment of multi-sector regional economic impact models*[J]. Regional Studies, 2004, 38(3): 305-317.

[296]罗秋菊，庞嘉文，靳文敏．基于投入产出模型的大型活动对举办地的经济影响——以广交会为例，地理学报，2011，66（4）：487-503.

[297]MacKay K. J. & Fesenmaier D.R. *Pictorial element of destination in image formation*[J]. Annals of Tourism Research, 1997, 24(3): 537-565.

[298]Madden J. *Estimating the economic impact of the Sydney Olympic Games.* 38th Congress of the European Regional Science Association, Vienna, 1998.

[299]Mak J., Moncur J. & Yonamine D. *How or how not to measure visitor expenditure*[J]. Journal of Travel Research, 1977, 16(1): 1-4.

[300]Mansfeld Y. *From motivation to actual travel*[J]. Annals of Travel Research, 1992, 22(1): 67-85.

[301]Marwick P. *Sydney Olympics 2000 economic impact study.* Sydney: KPMG, 1993.

[302]Matheson V. A. *Upon further review: An examination of sporting event economic impact studies*[J]. The Sport Journal, 2002, 5(1): 1-6.

[303]Mathieson A. & Wall G. *Tourism: economic, physical and social impacts*[M]. London: Longman, 1982.

[304]Matos P. Hosting Mega Sports Events: A Brief Assessment of Their Multidimensional Impacts.Paper presented at/The Copenhagen Conference on the Economic and Social Impacts of Hosting Mega Sport Event, September 1, 2006.

[305]May V. *Environmental implications of the 1992 Winter Olympic Games*[J]. Tourism Management, 1995, 16(4): 269-275.

[306]Mayfield T. & Crompton J. *The status of the marketing concept among festival organizers*[J]. Journal of Travel Research, 1995,33(4): 14-22.

[307]Mayo E. J. & Jarvis L. P. *The psychology of leisure travel*[M]. Boston: CBI Publishing, 1981.

[308]McCool S. F. & Martin S. T. *Community attachment and attitudes toward tourism development*[J]. Journal of Travel Research, 1994, 32(3): 29-34.

[309]McDonnell I. *Festival and Special Event Management*[M]. Singapore: John Wiley & Sons, 1999.

[310]McDonnell I., Allen J. & O'Toole W. *Festival and special event management*[M]. Brisbane: John Wiley and Sons, 1999.

[311]McGehee N. & Andereck K. *Factors predicting rural residents' support of tourism*[J]. Journal of Travel Research, 2004,43(2): 131-140.

[312]McGehee N., Yoon Y. & Cardenas D. *Involvement and travel for recreational runners in North Carolina*[J]. Journal of Sport Management, 2003, 17(3): 305-324.

[313]McGregor P. G., Swales J. K. & Turner K. R. The impact of Scottish consumption on the local environment: an alternative to the Ecological Footprint?Fraser of Allander Institute, University of Strathclyde. Quarterly Economic Commentary-Economic Perspectives, 2004, 29(1): 29-34.

[314]McWilliams E. G. & Crompton J. L. *An expended framework for measuring the effectiveness of destination advertising*[J]. Tourism Management, 1997, 18(3): 127-137.

[315]Mehmetoglu M., & Ellingsen K. *Do small-scale festivals adopt "market orientation" as a management philosophy?*[J] Event Management, 2005, 9(3): 119-132.

[316]Mendell R., MacBeth J. & Solomon A. *The 1982 world's fair-asynopsis. Leisure Today*[J]. Journal of Physical Education, Recreation and Dance(April), 1983, 48-49.

[317]Merritt M. (2004). Dorrigo's story. Retrieved July 2005. http://www. com munitybuilders.nsw.gov.au/rural_regional/programs/dgo.html.

[318]Messmer D. J. & Johnson R. R. *Inquiry conversion and travel advertising*[J]. Journal of Travel Research, 1993, 31: 14-21.

[319]Mihalik B. *Host population perceptions of the 1996 Atlanta Olympics: Support, benefits and liabilities*[J]. Tourism Analysis, 2001, 5(1):49-53.

[320] Mihalik B. & Cummings P. Host Perceptions of the 1996 Atlanta Olympics: Support, Attendance, Benefits & Liabilities. In Travel & Tourism Research Association 26th Annual Proceedings, 1995, 397-400.

[321] Mihalik B. & Simonette L. *Resident Perceptions of the 1996 Summer Olympic Games: Year II*[J]. Festival Management & Event Tourism, 1998, 5(1): 9-19.

[322] Mihalik B.J. &Simonetta L. *A midterm assessment of the host population's perceptions of the 1996 Summer Olympics: Support, attendance, benefits, & liabilities*[J].Journal of Travel Research, 1999, 37: 244-248.

[323] Mill R. C. & Morrison M. A. *The tourism system: An introductory text*[M] (2rd ed.).New Jersey, United State of America: Englewood Cliffs, 1992.

[324] Mill R. C. & Morrison M. A. *The tourism system: An introductory text (3rd ed.)*[M]. Dubuque, IA: Kendall/Hunt Publishing Company, 1998.

[325] Miller R. E. & Blair P. D. *Input-Output analysis: Foundations and extensions. Englewood Cliffs*[M], NJ: Prentice-Hall, Inc, 1985.

[326] Milman A. & Pizam A. *The role of awareness and familiarity with a destination: The central Florida case*[J]. Journal of Travel research, 1995, 33: 21-27.

[327] MINTEL. Sport Tourism–International. Travel & Tourism Analyst, 2004, 17.

[328] Mistilis N. & Dwyer L. *Tourism gateways and regional economies: The distributional impacts of MICE*[J]. International Journal of Tourism Research, 1999, 1(6): 441-457.

[329] Molloy J. *Regional festivals: A look at community support, the isolation factor and funding sources*[J]. Journal of Tourism Studies, 2002, 13(2): 2-15.

[330] Morgan A., Condliffe S. *Measuring the economic impacts of convention centers and event tourism: A discussion of the key issues*[J]. Journal of Convention & Event Tourism, 2007, 8(4): 81-100.

[331] Morrison-Saunders A. & Therival R. *Sustainability integration and assessment*[J]. Journal of Environment Assessment Policy and Management, 2006, 8: 281-298.

[332] Morse J. *The Sydney 2000 Olympic Games: How the Australian Tourist Commission leveraged the Games for tourism*[J]. Journal of Vacation Marketing, 2001, 7(2): 101-107.

[333] Moscardo G. M. *Peripheral tourism development: Challenges,issues and*

success factors[J]. Tourism Recreation Research, 2005, 30(1): 27-44.

[334]Moscovici S. The coming era of social representations. In Codol, J. P., & Leyens, J. P. (Eds.), Cognitive approaches to social behavior. The Hague: Nijhoff, 1982.

[335]Mowen J. C. & M. M. Mowen. *Time and Outcome Valuation: Implications for Marketing Decision Making*[J].Journal of Marketing, 1991, 55: 54-62.

[336]Mules T. & Dwyer L. *Public sector support for sport tourism events: the role of cost-benefit analysis*[J]. Sport, Culture and Society, 2005, 8(2): 338-355.

[337]Mules T. & Faulkner B. *An economic perspective on major events*[J]. Tourism Economics, 1996, 2(2): 107-117.

[338]Mules T. & McDonald S. *The economic impact of special events: The use of forecasts*[J]. Festival Management and Event Tourism, 1994, 2(1): 45-53.

[339]Murphy P. E. & Carmichael B. A. *Assessing the tourism benefits of an open access sports tournament: the 1989 B.C. Winter Games*[J]. Journal of Travel Research, 1991 ,29 (3):32-36.

[340]Nelms C. Russel A. & Lence B. *Assessing the performance of sustainable technologies for building projects*[J],Canadian Journal of Civil Engineering, 2005, 32(1):114-128.

[341]Ngamsom B. & Beck J. *A pilot study of motivations, inhibitors, and facilitators of association members in attending international conferences*[J]. Journal of Convention and Exhibition Management, 2000, 2(2/3): 97-111.

[342]Nicholson R. & Pearce D. *Why do people attend events: A comparative analysis of visitor motivations at four South Island events*[J]. Journal of Travel Research, 2001, 39: 449-460.

[343]Nykiel D. & Jascolt E. *Marketing your city, U.S.A: A guide to developing a strategic tourism marketing plan*[M]. New York: Haworth Hospitality Press, 1998.

[344]O'Brien D. *Event business leveraging: The Sydney 2000 Olympic Games*[J]. Annals of Tourism Research, 2006,33(1): 240-261.

[345]ODA. Sustainable development strategy. London Olympic Delivery Authority, http://www.london2012.com/documents/oda-publications/odasustainable-development-strategy-full-version.pdf. Accessed 03.11.08.

[346]OECD, The European Commission, United Nations, & World Tourism Organization. Tourism satellite account: Recommended methodological framework. Joint publication, 2001. Available from. www.unwto.org.

[347] OECD. Measuring sustainable development integrated economic, environmental and social frameworks: accounting for sustainable development: the NAMEA-based approach. OECD Statistics Sources & Methods, 2004(4), 210 - 227.

[348] Office for National Statistics. Household satellite account (experimental), 2002. Available from. http://www.statistics.gov.uk/hhsa/hhsa/Index.html.

[349] Olds K. *Urban mega-events, evictions and housing rights: the Canadian case*[J], Current Issues in Tourism, 1998, 1(1):2-46.

[350] Olsen M. & Merwin D. *Towards a methodology for conducting social impacts assessments using quality of life indicators*[A]. In. K. Finsterbusch & C. Wolf, (Eds.), *Methodology of social impact assessment*[M]. Pennsylvania: Dowden, Hutchinson & Ross, 1977. (缺页)

[351] Oppermann M. & Chon K. *Convention participation decision making process*[J]. Annals of Tourism Research, 1997, 24(1): 178-191.

[352] Park S. H. & Ko D. W. *Scales development for the affectional images on a destination: Pure-affectional image and semi-affectional image*[J]. Journal of Tourism Sciences, 2002, 25(4): 13-32.

[353] Patterson M. & McDonald G. How clean and green is New Zealand tourism? Lifecycle and future environmental impacts. Landcare Research Science Series No.24. Canterbury: Manaaki Whenua Press, 2004.

[354] Pearce D. C. *Tourist time budgets*[J]. Annals of Tourism Research, 1988, 15(1): 106-121.

[355] Pearce P. L. *Perceived changes in holiday destinations*[J].Annals of Tourism Research, 1982, 9: 145-164.

[356] Pearce P. *Tourist behaviour: Themes and conceptual schemas.* Clevedon: Channel View, 2005.

[357] Perdue R. R. & Botkin M. R. *Visitor survey versus conversion study*[J]. Annals of Tourism Research, 1988, 15(1): 76-87.

[358] Perdue R.R., Long P.T. & Allen L. *Resident Support for Tourism Development*[J]. Annals of Toursim Research, 1990, 17(4): 586-99.

[359] Phelps A. *Holiday destination image: The problem of assessment the problem of assessment: An example developed in Menorca*[J]. Tourism Management, 1986, 7(3): 168-180.

[360] Philipsen J. *Nature-based tourism and recreation: Environmental changes, perception, ideology and practices*[A]. In G. J. Ashworth & A. G. J.

Dievorst (Eds.), *Tourism and spatial transformations*[M]. Wallingford: CAB International, 1995, 183-200.

[361]Picard D. & Robinson M. (Eds.). *Festivals, tourism and social change: Remaking worlds*[M]. Clevedon: Channel View, 2006.

[362]Pieper J. *In Tune With the World: A Theory of Festivity*[M]. New York: Harcourt, 1965.

[363]Pike S. *Destination image analysis －A review of 142 papers from 1973 to 2000*[J]. Tourism Management, 2002, 23 (5): 541-549.

[364]Pomeroy R. S., M. Uysal & A. Lamberte. *An Input-Output Analysis of South Carolina's Economy: With Special Reference to Coastal Tourism and Recreation*[J]. Leisure Sciences, 1988, 10 (4): 281-88.

[365]Prentice R. & Andersen V. *Festival as creative destination*[J].Annals of Tourism Research, 2003, 30(1): 7-30.

[366]Pugh C. & Wood E. *The strategic use of events within local government: A study of London Borough councils*[J]. Event Management, 2004, 9(1/2): 61-71.

[367]Pugmire J. Soccer bigots worsen racism in France. ABC News, 2006. [ol]. Available from:http://www.wciv.com/printarticle.hrb?a¼p&f¼s&s¼319381&f1¼spo&stat¼wciv [Accessed 13 May 2006].

[368]Putsis W. P. Jr. *Winners and losers: Redistribution and the use of economic impact analysis in marketing*[J].Journal of Macro-marketing, 1998, 18(1): 24-33.

[369]Pyo S. S. *Perceived importance of festival attributes and decision criteria by sponsor type*[J]. Festival Management & Event Tourism, 1995, 2: 149-158.

[370]Pyo S., Cook R. & Howell R. *Summer Olympic tourist market—Learning from the Past* [J]. Tourism Management, 1988, 9(2): 137-144.

[371]Quinn B. Symbols, *practices and mythmaking:Cultural perspectives on the Wexford Festival Opera*[J]. Tourism Geographies, 2003, 5(3): 329-349.

[372]Quinn B. *Changing festival places: Insights from Galway*[J]. Social and Cultural Geography, 2005, 6(2): 237-252.

[373]Randerson J. Who ate all the pies? Cup final fans. Guardian, 2007.

[374]Rao V. *Celebrations as social investments: Festival expenditures, unit price variation and social status in rural India*[J]. The Journal of Development Studies, 2001, 38(1): 71-97.

[375] Ray N., McCain G., Davis D. & Melin T. *Lewis and Clark and the Corps of Discovery: Re-enactment event tourism as authentic heritage travel*[J]. Leisure Studies, 2006, 25(4): 437-454.

[376] Raybould M., Mules T, Fredline E. & Tomljenovic R. *Counting the herd, using aerial photography to estimate attendance at open events*[J]. Event Management, 2000, (6): 25-32.

[377] Reeser J. C., Willick S., Rhea D. J., Berg R. *Motivation and satisfaction among polyclinic volunteers at the 2002 Winter Olympic and Paralympic Games*[J]. British Journal of Sports Medicine, 2005, 39(4): 20-33.

[378] Reid G. *The politics of city imaging: A case study of the MTV Europe Music Awards in Edinburgh 03*[J]. Event Management, 2006, 10(1): 35-46.

[379] Reilly M. D. *Free elicitation of descriptive adjective for tourism image assessment*[J]. Journal of Travel Research, 1990, 28: 21-26.

[380] REWARD. Key industrial environmental pressures, 2003. Available from. www.reward-uk.org (for further information on source data see also Munday and Roberts, 2006).

[381] Richards G. (Ed.). *European cultural tourism: Trends and future Prospects*[M]. Wallingford, UK: CABI, 1996.

[382] Richards G. (Ed.). *Cultural tourism: Global and local perspectives* [M].New York: Haworth, 2007. [301] Richards, P., & Ryan, C. The Aotearoa Traditional Maori performing Arts festival 1972－2000: A case study of cultural event maturation[J]. Journal of Tourism and Cultural Change, 2004, 2(2): 94-117.

[383] Ritchie J. R. B. *Assessing the impacts of hallmark events: Conceptual and research issues*[J]. Journal of Travel Research, 1984, 23(1): 2-11.

[384] Ritchie J.R.B. *Consensus Policy Formulation in Tourism: Measuring Resident Views Via Survey Research*[J].Tourism Management, 1988, 9: 199-212.

[385] Ritchie J. R. B. *Turning 16 days into 16 years through Olympic legacies* [J]. Event Management, 2000, 6(2): 155-165.

[386] Ritchie J. & Aitken C. *Olympulse I: The Research Program & Initial Results*[J]. Journal of Travel Research, 1984, 22(1): 17-25.

[387] Ritchie J. R. B. & Aitken C. E. *Olympulse II –Evolving resident attitudes toward the 1988 Olympic Winter Games*[J]. Journal of Travel Research, 1985, 23(3): 28-33.

[388] Ritchie J. R. B. & Beliveau D. *Hallmark events: An evaluation of a*

strategic response to seasonality in the travel market[J]. Journal of Travel Research, 1974, 14: 14-20.

[389]Ritchie J. R. B. & Lyons M. *Olympulse III/Olympulse IV: A mid-term report on resident attitudes concerning the XV Olympic Winter Games*[J]. Journal of Travel Research, 1987, 26: 18-26.

[390]Ritchie J. R. B. & Lyons M. *Olympulse VI: A post-event assessment of resident reactions to the XV Olympic Winter Games*[J]. Journal of Travel Research, 1990, 28: 14-23.

[391] Ritchie J. R. B., Sanders D. & Mules T. *Televised events: Shaping destination images and perceptions of capital cities from the couch*[A]. In C. Arcodia, M. Whitford, & C. Dickson (Eds.), Global events congress, proceedings[M]. Brisbane: University of Queensland, 2006, 286-299.

[392]Ritchie J. R. B. & Smith B. *The impact of a mega-event on host region awareness: A longitudinal study*[J]. Journal of Travel Research, 1991,30(1): 3-10.

[393]Rittichainuwat B., Beck J. & LaLopa J. *Understanding motivations, inhibitors, and facilitators of association members in attending international conferences*[J]. Journal of Convention and Exhibition Management, 2001, 3(3): 45-62.

[394]Robinson T. & Gammon S. *A question of primary and secondary motives: Revisiting and applying the sport tourism framework*[J].Journal of Sport Tourism, 2004, 9(3): 221-223.

[395]Robson L.M. *Event management body of knowledge(EMBOK):the future of event industry research*[J].Event management, 2008, (12): 19-25.

[396]Roche M. *Mega-events and urban policy*[J]. Annals of Tourism Research, 1994, 21(1): 1-19.

[397]Roche M. *Mega-events and modernity: Olympics and expos in the growth of global culture*[M]. London: Routledge, 2000. [316] Roche M. *Mega-events and modernity revisited: Globalization and the case of the Olympics*[J]. Sociological Review, 2006, 54: 25-40.

[398]Rooney J. Mega sports events as tourism attractions:A geographical analysis. In Paper presented at the TTRA annual conference, Montreal, 1988.

[399]Ross A. *The UK approach to delivering sustainable development in government: a case study in joined-up working*[J]. Journal of Environmental Law, 2005, 17(1): 27-49.

[400]Ross G. F. *Ideal and actual image of backpack visitors to Northern Australia*[J]. Journal of Travel Research, 1993, 32(2): 54-57.

[401]Rozin S. The amateurs who saved Indianapolis. Business Week, 2000.

[402]Russel J. A. *A circumplex model of affect*[J]. Journal of Personality of Social Psychology, 1980, 39:1161-1178.

[403]Russel J. A. & Pratt G. *A description of affective quality attributed to environment*[J]. Journal of Personality and Social Psychology, 1980, 38(2): 311-322.

[404]Russel J. A. & Snodgrass J. *Emotion and the environment*[A]. In D. Stochols & I. Altman (Eds.), *Handbook of environmental psychology*[M] . New York: John Wiley & Sons, 1987, 1(1):245–280.

[405]Russel J. A. Ward, L. M. & Pratt G. *Affective quality attributed to environments: A factor analytic study*[J]. Environment and Behavior, 1981, 13(3): 259-288.

[406] Ryan C., Smee A., Murphy S. & Getz D. *New Zealand events:A temporal and regional analysis*[J]. Festival Management and Event Tourism, 1998, 5(1/2): 71 - 83.

[407] Rylander R. G. II, Propst D. B. & McMurtry T. R. *Nonresponse and recall biases in a survey of traveler spending*[J]. Journal of Travel Research, 1995, 33(4): 39-45.

[408]Saleh F. & Wood C. *Motives of volunteers in multicultural events: The case of Saskatoon Folkfest.* Festival and Event Management, 1998, 5: 59-70.

[409]Schilling K. C., McHargue L., Maene C. *The economic impact of the 2001 Wisconsin State Fair.* University of Wisconsin-Milwaukee Center for Economic Development (UWMCED), 2002.

[410]Schneider, I. & Backman S. *Cross-cultural equiv alence of festival motivations: As Study in Jordan*[J]. Festival Management & Event Tourism, 1996, 4(3/4): 139-144.

[411]Searle M. *Propositions for Testing Social Exchange Theory in the Context of Ceasing Leisure Participation*[J]. Leisure Studies, 1991, 13: 279-294.

[412]Selby M. & Morgan N. J. *Reconstructing place image: A case study of its role in destination market research*[J]. Tourism Management, 1996, 17: 287-294.

[413]Severt D., Wang Y., Chen P. & Breiter D. *Examining the motivation, perceived performance, and behavioural intentions of convention attendees: Evidence from a regional conference*[J]. Tourism Management, 2007, 28(2): 399-408.

[414] Sharpley R. *Tourism, tourists and society*[M]. Huntingdon: Elm Publications, 1999.

[415] Shaw G. &Williams A. *Critical issues in tourism: a geographical perspective*[M]. Oxford: Blackwell, 2002.

[416] Sheldon P. & Var T. *Resident attitudes to tourism in north wales*[J]. Tourism Management, 1984, 15(5): 40-47.

[417] Sherwood P. *A triple bottom line evaluation of the impact of special events: the development of indicators*[D]. Victoria University, Melbourne, 2007.

[418] Simmons D. G. & Urquhart L. *Measuring economic effects: an example of endurance sports events*[J]. Festival Management & Event Tourism, 1994, (2): 25-32.

[419] Small K. *Social dimensions of community festi vals: An application of factor analysis in the developon ment of the Social Impact Perception (SIP) scale*[J]. Event Management, 2007, 11(1): 45-55.

[420] Small K. & Edwards D. *Evaluating the socio-cultural impacts of a festival on a host community: a case study of the Australian Festival of the Book*[A]. In T. Griffin, & R. Harris (Eds.), *Proceedings of the 9th Annual Conference of the Asia Pacific Tourism Association*[M]. Sydney: School of Leisure, Sport and Tourism, University of Technology Sydney, 2003, 580-593.

[421] Small K., Edwards D. & Sheridan L. *A flexible framework for evaluating the sociocultural impacts of a (small) festival*[J]. International Journal of Event Manage ment Research, 2005,1(1): 66-77.

[422] Smith D. D. *Mass communications and international image change*[J]. The Journal of Conflict Resolution, 1973, 17: 115-129.

[423] Smith M. *Spotlight events, media relations, and place promotion:A case study*[J]. Journal of Hospitality and Leisure Marketing, 2005, 12(1/2):115-134.

[424] Snowball J.D. & Willis K.G. *Estimating the marginal utility of different sections of an arts festival: the case of visitors to the South African National Arts Festival*[J]. Leisure Studies, 2006, 25(1): 43-56.

[425] Sofield T. & Sivan A. *From cultural festival to international sport—The Hong Kong Dragon Boat Races*[J]. Journal of Sport Tourism, 2003, (81): 9-20.

[426] Solberg H. A., Andersson T. D. & Shibli S. *An exploration of the direct economic impacts from business travellers at world championships*[J].Event Management, 2002, (7):151-163.

[427] Soon-Hee W. *Football, fashion and fandom: sociological reflections on the 2002World Cup and collective memories*[A]. In W. Manzenreiter & J. Horne (Eds.), *Football goes East: business, culture and the people's game in China, Japan and South Korea*[M]. London: Routledge, 2004.

[428] Soutar G. & McLeod P. *Residents' perceptions on impact of the America's Cup*[J].Annals of Tourism Research, 1993, 20 (3): 571-82.

[429] South Australia Tourism Commission. Planning Special Events and Festivals. Adelaide, Australia: Author, 1997.

[430] Spilling O. R. *Mega-event as strategy for regional development: The case of the 1994 Lillehammer Winter Olympics*[J].Entrepreneurship and Regional Development, 1996, 8(4): 321-343.

[431] Spilling O. *Beyond intermezzo? On the long-term industrial impacts of mega-events: The case of Lillehammer 1994*[J]. Festival Management and Event Tourism, 1998,5(3): 101-122.

[432] Spiropoulos S., Gargalianos D. & Sotiriadou K. *The 20th Greek festival of Sydney: A stakeholder analysis*[J]. Event Management, 2006, 9: 169-183.

[433] Sports Business Market Research Handbook (2000-2006). Sports Business Market Research Inc., p.167.

[434] Stahl H., Hochfield C. & Schmied M. FIFA green goal legacy report. Frankfurt:Organising Committee of the 2006 FIFA World Cup, 2006.

[435] Steiner A. Quoted in London 2012's One Planet Olympics policy approval. United Nations Environmental Programme, News Centre, 2006. Available from http://www.unep.org/Documents.Multilingual/Default.asp?Document ID

[436] Stiernstrand J. O. *The Nordic Model: A theoretical model for economic impact analysis of event tourism*[J]. Festival Management & Event Tourism, 1996, 3: 165-174.

[437] Stokes R. *A framework for the analysis of events—tourism knowledge networks*[J]. Journal of Hospitality and Tourism Management, 2004, 11(2): 108-123.

[438] Stubbs D. London's green games credentials are underlined, 2004. Available from http://www.London2012.com.news.archive.

[439] Stynes D. Economic Impacts of Tourism, 1999. http://www.msu.edu/rstynes/ .P12.

[440] 申金玉主编．会议组织与设计全书[M]．中国物资出版社，1999，6.

[441]沈燕云，吕秋霞著．国际会议规划与管理[M]．辽宁科学技术出版社，2001.9.

[442]宋振春，陈方英．两种类型旅游节事居民感知的比较研究——对泰安泰山国际登山节和东岳庙会的问卷调查[J]．旅游学刊，2008，23（12）：63-69.

[443]孙中山著．建国方略．孙文学说、实业计划、民权初步[M]．中国长安出版社，2011，3。

[444]Tapachai N. & Waryszak R. *An examination of the role of beneficial image in tourist destination selection*[J]. Journal of Travel Research, 2000, 39(1): 37-44.

[445]Taylor P. & Gratton C. *The Olympic games: An economic analysis*[J]. Leisure Management, 1988, 8(3): 32-34.

[446]Teigland J. *Impacts on tourism from mega-events: The case of winter olympic games*[M]. Sogndal: Western Norway Research Institute, 1996.

[447]Teo P. *Assessing socio-cultural impacts: The case of Singapore*[J]. Tourism Management, 1994, 15(2): 126-136.

[448]Thomas I. G. *Environmental impact assessment in Australia: theory and practice (2nd ed.)*[M]. Sydney: The Federation Press, 1998.

[449]Thomas I. G. *Environmental impact assessment in Australia: theory and practice (3rd ed.)*[M]. Sydney: The Federation Press, 2001.

[450]Thomas R. & Wood E. *Event-based tourism: A survey of local authority strategies in the UK*[J]. Local Governance, 2004, 29(2): 127036.

[451]Thrane C. *Jazz festival visitors and their expenditures: Linking spending patterns to musical interest*[J]. Journal of Travel Research, 2002, 40: 281-286.

[452]Tohmo T. *Economic impacts of cultural events on local economies: An input-output analysis of the Kaustinen folk music festival*[J]. Tourism Economics, 2005, 11(3): 431-451.

[453]Tomljenovic R. & Weber S. *Funding cultural events in Croatia: Tourism-related policy issues*[J]. Event Management, 2004, 9(1/2): 51-59.

[454]Toohey K. & Veal T. *The olympic games: A social science perspective*[M]. Wallingford: CABI, 2007.

[455]Travel Industry Association of America, and Smithsonian Magazine. (2003). The historic/cultural traveller.

[456]Travis A. & Croize J. (1987). The role and impact of mega-events and attractions on tourism development in Europe: A micro perspective. Proceedings of

the 37th Congress of AIEST, Calgary, 1987, 28: 59-78.

[457] Turko D. M. & C. W. Kelsey. *Conducting Economic Impact Studies of Recreation and Parks Special Events*[M]. Washington, DC: National Recreation and Park Association, 1992.

[458] Turner K. *Speculations on weak and strong sustainability*, CSERGE Working Paper GEC-1992-26, http://www.uea.ac.uk/env/cserge/.

[459] Twynam, G. D. & Johnston M. *Changes in host community reactions to a special sporting event*[J]. Current Issues in Tourism, 2004, 7(3): 242-261.

[460] Tyagi A. K. *A study of tourist culture in India: Insight and implications* [D]. Syracuse University, 1989.

[461] Tyrrell B. J. & Ismail J. A. *A methodology for estimating the attendance and economic impact of an open-gate festival*[J].Event Management, 2005, (9): 111-118.

[462] Tyrrell T. J., Johnston R. J. *A framework for assessing direct economic impacts of tourist events: distinguishing origins, destinations, and causes of expenditure* [J].Journal of Travel Research, 2001, (40): 94-100.

[463] Tyrrell M. *The Role and impact of mega-events and attractions on regional and national tourism development resolutions*[J]. Tourism Review, 1987, 42(4): 3-12.

[464] UK Sport. The economic impact of major events: Staging major sports events the guide 2005, 2005.

[465] Um S. & Crompton, J. *Measuring Resident's Attachment Levels in a Host Community*[J]. Journal of Travel Research, 1987, 26(2):27-29.

[466] Uysal M., Gahan L. & Martin B. *An examination of event motivations: A case study*[J]. Festival Management and Event Tourism, 1993, 1(1): 5-10.

[467] Uysal M. & Gitelson R. *Assessment of economic impacts: Festivals and special events*[J]. Festival Management and Event Tourism, 1994, 2(1): 3-9.

[468] Van den Bergh J. & Verbruggen H. *Spatial sustainability, trade and indicators:an evaluation of the "Ecological Footprint"*[J]. Ecological Economics, 1999, 29: 61-72.

[469] Van Gessel P. *Events: Outstanding means for joint promotion*[J].Event Management, 2000, 6: 111-116.

[470] Van Hoof H. B. & Hobson J. S. *Tourism research inquires: The response of the state office of tourism*[J]. Journal of Travel Research, 1997, 35(4): 77-81.

[471] Vanhove D. & Witt S. *Report of english-speaking group in the conference theme*[J].Revue Du Tourisme, 1987, 4: 10-12.

[472] Van Zyl C. & Botha C. *Motivational factors of local residents to attend the Aardlop National Arts festival*[J]. Event Management, 2004, 8:213-222.

[473] Vaughan R. Does a festival pay? A case study of the Edinburgh festival in 1976. Tourism Recreation Research Unit, Working paper 5, University of Edinburgh, 1979.

[474] Verhoven P., Wall D. & Cottrell S. *Application of desktop mapping as a marketing tool for special events planning and evaluation: A case study of the Newport News Celebration in Lights*[J].Festival Management and Event Tourism, 1998, 5(3): 123-130.

[475] Victoria Government. Melbourne 2006 XVIII commonwealth games environment report card, 2007. Available from Http://www1.dvc.vic. gov.au/ocgc/News/Environment_Report.pdf.

[476] Wackernagel M. & Rees W. Our Ecological Footprint: Reducing human impact on the earth. Philadelphia, PA: New Society Publishers, 1995.

[477] Waitt G. *Social impacts of the Sydney Olympics*[J]. Annals of Tourism Research, 2003, 30(1): 194-215.

[478] Waitt G. *The Olympic spirit & civic boosterism: The Sydney 2000 Olympics*[J]. Tourism Geographies, 2004, 3(3): 249-278.

[479] Waitt G. *A critical examination of Sydney's 2000 Olympic games*[A]. In I. Yeoman, et al. (Eds.), *Festivals and events management*[M]. Oxford: Elsevier, 2004, 391-408.

[480] Walmsley D. & Jenkins J. *Tourism cognitive mapping of unfamiliar environments*[J].Annals of Tourism Research, 1992, 19(2):268-286

[481] Walmsley D. J. & Young M. *Evaluative images and tourism: The use of personal constructs to describe the structure of destination images*[J]. Journal of Travel Research, 1998, 36: 65-69.

[482] Walo M., Bull A., Green H. *Achieving economic benefits at local events: A case study of a local sport event*[J]. Festival Management and Event Tourism, 1996, 3(3/4): 96-106.

[483] Wang P.C. *Economic Impact assessment of recreation services and the use of multipliers: A Comparative Examination*[J]. Journal of Park and Recreation Management, 1997, 15(2): 32-43.

[484] Wann D., Melnick M., Russell G. & Pease D. *Sports fans: the psychology and social impact of spectators*[M]. New York: Routledge, 2001.

[485] Ward L. M. & Russel J. A. *The psychological representation of molar physical environments*[J]. Journal of Experimental Psychology: General, 1981, 110(2): 121-152.

[486] Watt D. C. *Event management in leisure and tourism*[M].New York: Addison Wesley Longman.1998.

[487] WCED (World Commission on Environment and Development). *Our Common Futures*[M]. Oxford University Press, Oxford, 1987.

[488] Weaver M. London 2012 organisers plan greenest games ever.Guardian, 2007.

[489] Weber K. & Chon K. *Convention tourism: International research and industry perspectives*[M]. New York: Haworth, 2002.

[490] Weber K. & Ladkin A. Trends affecting the convention industry in the 21st century. Journal of Convention and Event Tourism, 2004, 6(4): 47-63.

[491] Weed M. *Why the two won't tango! Explaining the lack of integrated policies for sport and tourism in the UK.* Journal of Sport Management, 2003, 17(3): 258-283.

[492] Weed M. *Sports tourism research 2000-2004: A systematic review of knowledge and a meta-evaluation of methods*[J]. Journal of Sport and Tourism, 2006, 11(1): 5-30.

[493] Weiler B. & Hall M. *Special interest tourism*[M]. London: Belhaven Press, 1992.

[494] Welsh Assembly Government, *The Sustainable Development Action Plan 2004-2007*, Welsh Assembly Government, 2004, www.wales.gov.uk.

[495] Wicks B. E. *The business sector's recreation to a community special event in a small town: A case of the 'Autumn on parade' festival*[J]. Festival Management & Event Tourism, 1995, 2: 177-183.

[496] Wicks B. & Fesenmaier D. *Market potential for special events: A midwestern case study*[J]. Festival Management and Event Tourism, 1995, 3(1): 25-31.

[497] Wicks B. E. & Schuett M. A. *Examining the role of tourism promotion through the use of brochures*[J]. Tourism Management, 1991, 12(4): 301-312.

[498] Wiedmann T., Minx J., Barrett J. & Wackernagel M. *Allocating*

Ecological Footprints to household consumption activities by using Input-Output analysis[J]. Ecological Economics, 2006, 56:28-48.

[499] Whitford M. *Regional development through domestic and tourist event policies: Gold Coast and Brisbane, 1974-2003*[J]. UNLV Journal of Hospitality, Tourism and Leisure Science, 2004a, 1: 1-24.

[500] Whitford M. *Event public policy development in the Northern Sub-Regional Organization of Councils, Queensland Australia: Rhetoric or realization?*[J] Journal of Convention and Event Tourism, 2004b,6(3): 81-99.

[501] Whitson D. & Horne J. *Underestimated costs and overestimated benefits? Comparing the outcomes of sports mega-events in Canada and Japan*[J]. Sociological Review, 2006, 54(2): 71-89.

[502] Wicks B. E. & Fesenmaier D. R. *A comparison of visitor and vendor perceptions of service quality at a special event.* Festival Management & Event Tourism,1993, 1:19-26.

[503] Wildman P. & Baker G. *Social impact assessment handbook: how to assess and evaluate the social impact of resource development on local communities*[M]. Australia: Social Impacts Publications, 1985.

[504] Wilkinson J. *Olympic games: past history and present expectations*[M]. Sydney: NSW Parliamentary Library, 1994.

[505] Witt S. *Mega-events and mega-attractions*[J]. Tourism Management, 1988, 9(1): 76-77.

[506] Wood E. H. Events, civic pride and attitude change in a post-industrial town: Evaluating the effect of local authority events on residents' attitudes to the Blackburn region. Events & Place Making Research Conference, July 15-16, UTS, Sydney, Australia, 2002.

[507] Woodside A. G. *Measuring advertising effectiveness in destination marketing strategies*[J]. Journal of Travel Research, 1990, 29: 3-8.

[508] Woodside A. G. & Lysonski S. *A general model of traveler destination choice*[J]. Journal of Travel Research, 1989, 27(2): 8-14.

[509] Woodside A. G. & Ronkainen I. A. *How serious is nonresponse bias in advertising conversion research?*[J] Journal of Travel Research, 1984, 22(4): 34-37.

[510] World Tourism Organization. *A compilation of good practices in ecotourism*[M]. Madrid: Author, 2001.

[511] Wrong D. *Power: Its Forms, Bases and Uses*[M]. New York: Harper and

Row, 1979.

[512]WWF. Living planet report 2006. World-Wide Fund for Nature International, Global Footprint Network, UNEPWorld Conservation Monitoring Centre. Gland, Switzerland: WWF, 2006.

[513]王起静.展览产品定价模型及价格影响因素研究——基于双边市场理论视角[J]. 经济管理·新管理，2007，29（16）：26-30.

[514]王起静. 事件经济影响研究述评——一个评估框架[J]. 旅游科学，2009，23（4）：57-63.

[515]Xiao P. & Smith S. *Improving forecasts for world's fair attendance: Incorporating income effects*[J]. Event Management, 2004, 6(1):15-23.

[516]Xie P. *Visitors' perceptions of authenticity at a rural heritage festival: A case study*[J]. Event Management, 2004, 8(3): 151-160.

[517]肖庆国，武少源主编.会议运营管理[M]. 中国商务出版社，2004.

[518]许春晓，柴晓敏，付淑礼. 城市居民对重大事件的感知变化研究——2006 杭州世界休闲博览会期间的纵向研究[J].旅游学刊，2007，22（11）：89-94.

[519]Yeoh B. The global cultural city? Spatial Imagineering and politics in the (multi)cultural marketplaces of South-east Asia. Urban Studies, 2005, 42(5/6): 945-958.

[520]Yoo J. & Weber K. *Progress in convention tourism research*[J].Journal of Hospitality and Tourism Research, 2005, 29(2): 194-222.

[521]Yoon Y., Gursoy D. & Chen J. S. *Validating a tourism development*[J]. Annals of Tourism Research, 2001, 17:586-599.

[522]Yoon S., Spencer D., Holecek D. & Kim D. *A profile of Michigan's festival and special event tourism market*[J]. Event Management, 2000, 6(1): 33-44.

[523]Young C. & Kaczmarek S. *Changing the perception of the post-socialist city: Place promotion and imagery in Lodz, Poland*[J]. The Geographical Journal, 1999, 165: 183-191.

[524]Yu Y. & Turco D. *Issues in tourism event economic impact studies: The case of the Albuquerque International Balloon Fiesta*[J]. Current Issues in Tourism, 2000, 3(2): 138-149.

[525]Zhou Z. *Destination marketing: Measuring the effectiveness of brochures*[J]. Journal of Travel & Tourism Marketing, 1997, 6(1): 143-158.

[526]杨冠群著.国际会议：策划·举办·参与[M].世界知识出版社，2002.